GÜTERS DIE
LOHER VISION
VERLAGS EINER
HAUS NEUEN WELT

Matthias Schlicht

Christentum

Mitten im Leben –
jetzt und hier

GÜTERSDIE
LOHERVISION
VERLAGSEINER
HAUSNEUENWELT

DANK

Ohne Euch hätte es dieses Buch nicht gegeben.

Dank
an meine Eltern und Tante Gisela,
an Friedrich Holze, Jürgen Pommerien,
Michael Kalla, Lutz Tietje und Margot Käßmann,
an Christian Zacharias, Daniel Fernholz,
Thomas Schmitz und Peter Hasekamp,
an meine Kinder und Sandra.

»And in the end the love you take
is equal to the love you make.«
The Beatles

INHALT

Wenn man diese Anzeige in der Zeitung lesen könnte, würden sich manche Menschen überhaupt nicht wundern. Christentum: Das ist doch die Kirche. Und die Kirche hat ihre Aufführung am Sonntagvormittag. Da wird dann irgendwas von früher erzählt. Stories aus der Bibel, die man als Kind vielleicht im Religionsunterricht gehört hat. Von Jesus und Moses und so weiter. Kommt da nicht auch Ben Hur vor? Ansonsten nur Wundergeschichten und dass Gott die Welt höchstpersönlich in einer Woche gemacht hat. Naturwissenschaftlich ist das längst überholt. Das glauben eben nur die, die dran glauben wollen. Wer's glaubt, wird selig. Vor allem alte Leute, die ein wenig Trost vor dem Ende finden wollen.

Was Sie da eben gelesen haben, sind alles Originalzitate. Als Pastor höre ich so etwas oft, wenn ich mit Menschen in's Gespräch komme. Ich versuche mir einen Reim darauf zu machen, warum Leute so reden und empfinden. Welche Erfahrungen haben sie mit Christentum, Kirche und Glauben gemacht bzw. welche Erfahrungen haben sie nicht gemacht?

Ich wundere mich. Unser Land und unser Leben sind derart vom Christentum und kirchlichen Zeiten und Ritualen imprägniert, dass viele es gar nicht mehr bemerken. Da sind die Zeiten und Feste, die den Jahreslauf prägen, z.B. Ostern, Pfingsten, Advent und Weihnachten. Selbst der härteste Atheist kommt an diesen Tagen nicht vorbei. Da sind die Ereignisse, die das menschliche Leben strukturieren: Taufe, Konfirmation, Trauung, Beerdigung. Sogar knallharte Religionsgegner – auch wenn sie selbst diese Feiern nicht für sich in Anspruch nehmen – begegnen ihnen doch in der eigenen Familie oder im Freundeskreis. Und dann sind da noch die Worte und Redewendungen, die aus dem Christentum in unseren Sprachgebrauch eingesickert sind: von »Beten« bis »Sünde«, von »Vergebung« bis »Auferstehung«.

Wer mit offenen Augen und Ohren durch seinen Tag geht, findet diese christlichen Restbestände überall. Aber sind es wirklich nur noch Reste? Wie in dem Hollywoodfilm »Und täglich grüßt das Murmeltier« entdecke ich täglich immer häufiger und intensiver, wie Menschen nach einem tieferen Sinn suchen. In den einfachsten wie in den schwierigsten Lebenssituationen prallt – in meiner Sichtweise – das pralle Leben auf christliche Ecken und Kanten, Worte und Vorstellungen des Glaubens.

Im Murmeltier-Spielfilm kommt der hochnäsige Phil Conners (grandios gespielt von Bill Murray) am Ende seines ewigen Alltagseinerleis in der spießigen Kleinstadt Punxsutawney bei sich selbst an. Spannende Entdeckungen und Einsichten haben ihn dazu gebracht. Kein Lehrer und kein Pastor haben ihn gelehrt oder belehrt. Entdeckungen im unscheinbaren Alltag waren die einzigen Wegweiser.

Auch dieses Buch möchte zu Entdeckungen im Alltag einladen. Was die großen christlichen Feste, Zeiten und Worte bedeuten, will ich nicht dogmatisch erklären, sondern mittels Lebensgeschichten erzählen, die ich in Begegnungen und Gesprächen wahrnehmen durfte.

Wenn das reale Leben und der christliche Glaube zusammen kommen, dann sprühen die Funken. In unreligiöser Sprache entdecken nicht-theologisch studierte Menschen christliche Antworten für Fragen ihres Lebens. In ihren eigenen modernen Worten finden sich die alten Worte des Glaubens wieder. Ganz neu, ganz frisch, ganz unverbraucht und gerade deshalb: lebensfähig. Glaubwürdig. Und wenn doch einmal fromme Worte benutzt werden, hat das oft einen ganz und gar anderen Grund.

Sie dürfen gespannt sein. Denn täglich grüßt das Glaubenstier.

ADVENT
oder
JOHANNI GEHT'S LOS

Ein Ruck geht durch Deutschland: spätestens in der ersten Septemberwoche. Dann rüsten ALDI, LIDL und Co. auf zum Verkaufsstart in den Advent. Christstollen, Pfefferkuchen und Spekulatius füllen die ersten Regale. »Herbstgebäck« heißt es mittlerweile, obwohl (noch) jedes Kind eine adventliche Assoziation im Kopf hat. Ein Hauch von »Last Christmas« liegt in der Luft. Anstatt darüber zu meckern, lohnt sich ein Nachdenken. Würde niemand diese Adventsleckereien kaufen, würde kein Discounter dafür so viele, wertvolle Regalmeter opfern. Kein Geschäft will Ladenhüter feilbieten. Daraus folgt: Die Sachen werden gekauft – und das im großem Umfang.

Was für die Supermärkte mit dem September beginnt, fängt für meine Frau an Johanni an. »Johanni«, das ist der Johannistag, der kirchliche Gedenktag an Johannes, den Täufer. Datum: 24. Juni, genau in der zeitlichen Mitte zwischen zwei Heiligabenden. Ab Johanni starten bei meiner Frau die Überlegungen, welche Farben die Kerzen auf dem diesjährigen Adventskranz tragen sollen. Mal was Neues? Gewagtes? Grün und blau? Oder wie wäre es mit rot-rosa-violett-orange? Während ich mich mit dem Gedanken an augenschonende Sonnenbrillen tröste, guckt meine Frau derweil auf dem Wochenmarkt nach Schleifenbändern für das Gesteck. Mir ist das peinlich, aber sie sagt: »Im November kriegst Du die Farben gar nicht mehr!« Das mag stimmen. Immerhin ist dann auch Ruhe mit Adventsgedanken im Hochsommer, abgesehen von der ab Johanni beginnenden Klopapierinnenpappprollen-Sammelaktion. Wehe, ich schmeiße alte Klopappprollen in das Altpapier! »Die brauche ich doch, um später daraus Nikoläuse zu basteln.«

Geschäftige vorweihnachtliche Hektik kommt erst am Samstag vor dem 1. Advent in's Spiel. Dann geht es los, aber richtig! Meine Frau besorgt Tannengrün und Dekokram. Das Esszimmer wird in eine Bastelwerkstatt umgewandelt, denn meine Frau hat ihre Nachbarinnen, Freundinnen, Lehrerinnenkolleginnen und die neue Vikarin zum Adventsbasteln eingeladen. Ich darf (zum Glück) nur den Glühwein erwärmen und austeilen. Wenn unser Kranz dann fertig gebastelt ist, erfreut sich meine Frau an den Kommentaren der anderen Bastlerinnen: »Sag mal, wo hast Du denn das Schleifenband her, das gibt es schon seit Wochen nicht mehr. Und die Farben dieser Kerzen: sagenhaft modern. Dernier cri: der letzte Schrei!« Zum Glück hört mich keiner in der Küche schreien.

Wenn das feminine Adventsbastelkollektiv abgezogen ist, darf ich meiner Frau beim Schmücken des Hauses helfen. Wie gesagt: Es geht erst am Samstag vor dem 1. Advent los. Damit sind wir in unserer Straße definitiv die Letzten. Spätestens seit Anfang November leuchten Adventspyramiden, Blinksterne in Bonbonfarben und Leuchtrehe in Fenstern und Vorgärten. Bei uns werden Gestecke aufgestellt und Sterne an die Scheiben geklebt. Sehr wichtig ist die musikalische Nachrüstung. Meine alten Jazz- und Koch-CDs verschwinden im Keller, dafür kommen die ungezählten Weihnachtslied-Sammlungen neben die Musikanlage. Advent mit Bing Crosby, Al Jarreau, James Last, Johnny Cash und

Til Brönner. Nur Helene Fischer und ihre sieben Wichtelmänner fehlen, weil meine Frau die (Helene) nicht mag. Zum Schluss kommt noch mein altes Engelsgeläut aus Kindertagen in das Wohnzimmer. *Nun kann es werden / adventliche Vorfreude auf Erden.*

Sich auf ein Fest einzustimmen, sich vor-zu-freuen, das ist eine schöne Sache. Das haben die Christen schon lange für das Osterfest ausprobiert. Sieben Wochen dauerte die Vorbereitungszeit, früher auch »Fastenzeit« genannt. Man verzichtete absichtlich auf gewisse Annehmlichkeiten, vor allem in Hinsicht auf das Essen, um dann beim großen Fest so richtig, auch kulinarisch, loszulegen. Was sich vor dem Osterfest bewährt hatte, wurde dann auch im Mittelalter für das Weihnachtsfest übernommen. Ebenfalls sieben (!) Wochen sollte vorher die Vorbereitungs-, d.h. die Fastenzeit dauern. Wer gut rechnen kann, gelangt sieben Wochen vor dem Weihnachtsfest auf den Martinstag im November. Dann begann die Vorbereitungszeit. Die Martinsgans war das letzte große Festmahl, bis die Weihnachtsgans das Fasten aufhob. Die Martinsgans und die Weihnachtsgans sind also tatsächlich miteinander verwandt. Da die sieben Wochen vor Weihnachten irgendwann als zu lang empfunden wurden, gab es die Verkürzung auf vier Wochen: unsere heutige Adventszeit. Und mit dem von Johann Hinrich Wichern in Hamburgs Rauhen Haus erfundenen Adventskranz samt seiner symbolischen Kerzenabfolge finden wir uns gut in unserer Gegenwart wieder.

Nun will ich nicht wie ein wasserpredigender Weinsäufer erscheinen. Ich bin kein asketischer Knäckebrotchrist. Auch ich mag das »Bling-bling« der adventlichen

Geschäftsauslagen. Ich höre sogar gerne einmal am Tag »Driving home for Christmas«. Ich finde es wunderschön, mit Freunden über einen Weihnachtsmarkt zu ziehen, am besten in einer Kleinstadt wie Buxtehude, Lüneburg oder Goslar. Auch Glühwein ist lecker. Ebenso gebrannte Mandeln und Schmalzgebäck. Das allerschönste Erlebnis verdanke ich – ich gebe es zu! – allerdings meiner Frau. Es ist eben die schöne Dekoration zu Hause. Am Adventssonntag im Wohnzimmer zu sitzen, den Kranz vor Augen, Mandarinen puhlen, Tee oder Rotwein auf dem Tisch: herrlich. Da kommt kein Fernsehprogramm mit. Offenbar bin ich mit meinem Gefühl nicht allein. Viele Menschen erzählen mir, dass dieses »Ritual« am Adventssonntag auch bei ihnen ganz wichtig ist. Während es draußen immer dunkler und kälter wird, kann eine Kerze auf einem Tannenkranz eine unglaubliche Wärme entfalten. Und Erinnerungen werden geweckt. Meist Erinnerungen aus der eigenen Kinderzeit.

Als ich ein kleiner Junge war, mochte ich gern mit meiner Mutter im abendlichen, adventlichen Dorf einkaufen gehen. Viel Deko wurde noch nicht geboten. Beim Bäcker stand ein Hexenhaus aus Pfefferkuchen mit der Hänsel-und-Gretel-Geschichte. Was die mit dem Advent zu tun hatte, wusste ich nicht, aber ich fand das schön. Genauso schön wie das Märklin-Eisenbahnoval, das im Schaufenster des Spielzeugladens von Tante Käthe fuhr. Heute gesehen war das nichts Besonderes, aber damals fielen mir fast die Augen aus dem Kopf. Beim Schlachter hingen Strohsterne an der Decke und beim Kaufmann Wille waren große Lichterketten in jedem Fenster. Das war's. Das reichte aus, um mich vollends fröhlich zu stimmen. Adventsmusikbeschallung gab es noch nicht, aber das lag wohl auch an unserem einfachen Dorf in der Heide. In Hamburg war das vielleicht sogar schon in den 60ern ganz anders. Aber das wusste ich ja nicht.

Am Sonntag Nachmittag kamen dann Eltern und Großeltern in der kleinen Stube zusammen; das Holz im Ofen knisterte vor sich hin, das Tannengrün duftete genauso wie die Mandarinenschale und das seltsame Heißgetränk, das Papa und Opa dazu tranken: Rumgrog. »Noch nichts für Kinder«, sagte Opa, aber den Duft habe ich immer noch in der Nase. Ich erinnere mich sogar daran, dass wir gesungen haben. »Wir«: Das waren Mama und Oma und ich. Kaum zu glauben: Beim Bäcker und Schlachter lagen Gratisheftchen mit den Advents- und Weihnachtsliedern aus. Also wurde gesungen. Mein Lieblingslied (bis heute): *Ihr Kinderlein kommet*. Ansonsten wurde viel erzählt – und wieder waren es Erinnerungen an frühere Adventszeiten. Die »schlechte Zeit« nach dem Krieg lag noch nicht lange zurück; aber unendlich tief war der Brunnen der Erzählung der Großeltern, wie sie als Kind die Zeit vor Weihnachten um die Jahrhundertwende und im Ersten Weltkrieg erlebten. Ich hörte verzaubert zu.

Bis heute ist so für mich die Adventszeit eine Erzählzeit. Dazu braucht es eine schöne Atmosphäre. Menschen, die sich etwas erzählen und einander zuhören, besinnen sich. Wenn das passiert, dann ist die Zeit vor Weihnachten immer noch das, was sie einmal – christlich erdacht – sein sollte. Eine Zeit der gemeinsamen Vorbereitung auf das große Fest.

BETEN
oder
JEMAND ONLINE?

....

Kaum hat man das theoretische Theologiestudium ab-
geschlossen, geht es mitten hinein in das praktische
Leben. Eben noch Student, ist man jetzt Vikar. Vikar:
Das ist das pastorale Pendant zum pädagogischen oder
juristischen Referendar. Der Begriff ist nicht etwa eine
Abkürzung für »Voraussichtlich In Kürze Auf Reisen«.
Er bedeutet einfach: Stellvertreter – nicht Gottes auf
Erden (das ist schon ein älterer, freundlicher Herr in
Rom), sondern des Pastors einer Gemeinde. In den zwei
Jahren des Vikariats arbeitet man also bereits kräftig
mit, lernt das Handwerk von der Predigt bis zur Kon-
firmandenfreizeit kennen und fährt zu theoretischen
»Schnellbrüter-Kursen« in das Predigerseminar. Dieses
Hin und Her zwischen Gemeinde und Seminar wird in
zwei Jahren nur einmal für vier Wochen unterbrochen.
Dann geht es in ein Praktikum, das man selbst wählen darf, um daraufhin eine Examensarbeit über diese
Expedition in's Menschenreich anzufertigen. Manchen
Vikar zieht es zu VW nach Wolfsburg, um endlich mal
richtig mit den Händen zu arbeiten; andere exerzieren
bei der Bundeswehr und dem Standortpfarrer, wieder
andere lernen Management bei der Firma Airbus in Fin-
kenwerder. Mich zog es woanders hin. Ganz woanders,
wo noch nie ein Vikar zuvor gewesen war (Raumschiff
Enterprise-Modus: aus).

Den größten Teil meines Studiums verbrachte ich in
Hamburg. Für mich als Blümchen vom Lande war die

Großstadt ein großes Erlebnis. Kultur im CCH und in der FABRIK, Live-Konzerte mit Al Jarreau und Miles Davis, Eisessen am Jungfernstieg, über die zugefrorene Alster laufen, Bratwurst an den Landungsbrücken. Und dann war da ja noch jener berüchtigte Stadtteil St. Pauli, der mehr zu bieten hat als einen tollen Fußballverein. Dort lebte Freimut, ein Studienfreund, mit dem ich mich durch den Altgriechisch-Unterricht gequält habe. Freimut wohnte in einer Wohnung mit Hafenblick am Pinnasberg: direkt auf dem Kiez. Wenn ich von der S-Bahn Station Reeperbahn zu Freimut ging, kam ich immer an leicht bekleideten jungen Damen vorbei, die mich mit »Hallo Süßer« ansprachen und nach Feuer oder Zeit fragten. Nach wenigen Wochen wussten die Damen vom Gewerbe allerdings, dass ich irgendwie »dazu gehöre«, und ignorierten mich geflissentlich. Freimut kannten sie schon mit Vornamen; und wenn wir zwei Studenten abends im »Silbersack« noch ein ASTRA (aus der Flasche) tranken, trafen wir die eine oder andere von ihnen an der Theke wieder, weil sie gerade Pause hatten. Wirklich nette Personen habe ich da kennengelernt, bis sie mit Blick auf die Uhr dann irgendwann sagten: »O, jetzt muss ich aber wieder schnellstens zur Arbeit!« Das Kiezgewerbe ist kein Spaß, sondern ein durchorganisiertes Unternehmen mit der Lizenz zum großen Geldverdienen – jedoch nicht für die Mädchen auf der Straße oder in den Bordellen. Zum Kiez gehören allerdings auch andere Mitspieler: die Polizisten von der Davidwache, die Damen von der Heilsarmee, das Mitarbeiterteam von der kirchlichen Diakonie, die Streetworker und der Pastor von der St. Pauli-Kirche (nein, der heißt nicht Jan Fedder). **17**

Als ich nun im Status eines Vikars mein Exkursionsfeld wählen sollte, fiel die Wahl auf St. Pauli »hinter den Kulissen«. Ich bewarb mich für ein Praktikum bei der Davidwache. Nach ungezählten Briefen und Telefonaten, Sondergenehmigung von der kirchlichen Verwaltung in Hannover (Grund: besonders gefährliches Umfeld!), konnte ich mich endlich bei der Wache vorstellen. Einen Kirchenpraktikanten hatten die Jungs noch nie gesehen, fanden die Idee aber irgendwie »cool« und so wurde ich der C-Schicht zugeteilt: je eine Woche Früh-, Spät-, Nachtdienst. Für die letzte Woche wurde ich an die Heilsarmee vermittelt. Und dann ging's los.

Das kleinste Polizeirevier in Deutschland mit der größten Besetzungsstärke ist schon eine Welt für sich. Die Polizisten kennen den (räumlich überschaubaren) Kiez wie ihre Westentasche. Viele Türsteher, Kiezgrößen, Puffmütter (d.h. Bordellleiterinnen) und Damen vom Gewerbe kennen sie namentlich. Es herrscht ein seltsames Miteinander. Statt Fäuste fliegen zum Glück nur freche Sprüche im reinsten Hamburger Slang durch die Hafenluft. Trotzdem gab es für mich viel zu erleben: aufgebrachte Porschefahrer, die beim Kiezbesuch falsch geparkt hatten und abgeschleppt wurden (nicht von Damen, sondern vom Abschleppservice); Nadelstreifenmanager, die sich von einer Domina am Halsband durch die Herbertstraße führen ließen; Messerstecherei zwischen Serben und Albanern auf der Männertoilette; die gebrochene Nase eines notorischen Zechprellers; Nepp in der Sexbar: kurzum: all das, was ich mir als kleiner Vikar früher nur bei »Miami Vice« im Fernsehen angeguckt hatte. Immer, wenn die C-Schicht einen Einsatz hatte, nahmen mich die Polizisten mit. Was für eine Ehre, dass sie mich den »frommen Kollegen« nannten.

Eines Nachts gegen 1 Uhr war wieder ein Einsatz. Im Bordell »Schlüpferstürmer« sei eine lautstarke, eventuell gewalttätige Auseinandersetzung bis auf die Straße zu vernehmen. Die zwei Polizeibeamten gingen vorweg, ich ging in ihrem schützenden Windschatten hinein in das rot beleuchtete Etablissement. Tatsächlich: Hier war etwas im Gange. Im ersten Stock waren Männer am Schreien und Toben; Glas und Stühle gingen zu Bruch. Einer der Polizisten sagte zu mir: »Du bleibst hier«, öffnete eine Tür im Erdgeschossflur; ich erkannte Umrisse von Personen und eine Kücheneinrichtung. »Gönn' Dir 'nen Kaffee, oben müssen wir ran«, sagte er noch, schob mich rein – und schon stand ich in der Küche. Dort war ich wirklich nicht allein. Vier Damen saßen um einen großen Tisch, nackt, wie Gott sie geschaffen hat, lediglich mit einem Hauch von Höschen bekleidet. »Na, wird auch Zeit«, meinte eine Dame mit starkem polnischem Akzent. »Aber hier ist Küche, du kannst hier nix Verhör machen; musst gehen auf die Wache mit denen da oben.« Ich wusste gar nicht, dass man mich so leicht mit einem leitenden Kommissar verwechseln kann. Um für Klarheit zu sorgen, meinte ich schüchtern: »Ich bin nur ein Praktikant bei der Polizei!« »Willst du auch zur Bullerei«, fragte eine andere. »Nee«, sagte ich, »ich habe einen anderen Job.« Nun war die Aufmerksamkeit doch erstaunlich hoch. »Ich werde Pastor«, sagte ich. »Ein Himmelskomiker«, schrie eine dritte Dame, und die ganze Küchenmannschaft konnte sich kaum vor Lachen halten. Ich versuchte zumindest zu lächeln. »Lass dir nicht verarschen«, meinte die Polin, die sich allerdings jetzt ein Badehandtuch um die Brüste band. Die anderen blieben oben ohne. »Ein Pastor«, sagte sie, »habe ich auch oft als Kunden. Einer kommt nur und will erzählen: von Frau, Kinder, Hund und seine Leute. Viel Arbeit, viel Ärger. Erzählt halbe Stunde, zahlt und geht.« Sie lachte herzerweichend. »Habt ihr nix, mit dem ihr reden könnt, oder hört nur Maria zu?« Ich hatte gerade keine ökumenische Antwort parat und war froh, als mir die – anscheinend – Jüngste einen Stuhl neben sich anbot.

»Nun komm' mal und setz dich. Ich beiß nicht. Hier 'n Kaffee.« Der Kaffee hatte Auferstehungspotential. Die Junge sprach weiter: »Als Lütte war ich immer bei meiner Oma in Rahlstedt. Das war besser als zuhause. Und immer, wenn Oma mich in's Bett brachte, dann hat sie meine Hände in ihre Hände genommen und etwas gebetet oder wie das heißt. Immer der gleiche Spruch. Fand ich gut. Kennst du das?« Ich fragte zurück: »War das ein Gute-Nacht-Gebet? *Müde bin ich, geh zur Ruh …?*« »Nee, da war was mit Vater im Himmel und Brot zum Essen.« »Ach, das Vaterunser?« »Ja, das war das. Kannste das aufschreiben?« »Klar«, sagte ich. Sie suchte ein Stück Papier. »Nimm das hier, auf der Rückseite ist Platz.« Sie gab mir ein Heftchen, auf dem »Menükarte« stand. Drinnen waren Fotos von den einzelnen Damen mit ihren Namen. Die Junge hieß »Lucy«. Buchstabenkürzel zeigten ihre »Serviceleistungen« an. Ausdifferenziert, so dass Niklas Luhmann seine Freude daran gehabt hätte. Aber die letzte Seite war leer und ich schrieb los. Die Damen rückten hinter mir und Lucy zusammen und guckten mir über die Schulter, als hätten sie noch nie jemandem beim

Schreiben zugesehen. »Amen und Fertig«, sagte ich, und schob das Heftchen Lucy zu. »Ich hoffe, Sie können meine Schrift lesen?« »Ich guck mal«, antwortete Lucy und las das Vaterunser laut vor. Ich dachte, mich tritt ein Pferd, als einige der Damen auswendig mitsprachen. Nein, sie sprachen nicht, sie beteten mit. »He«, rief Lucy, »ihr kennt das ja.« »Ich nur auf polnisch, das gibt's da auch. Ist gut«, meinte die Polin.

Die Küchentür ging auf, die beiden Polizisten kamen wieder zurück. »So, Kollege, die Krawallbrüder sind in der Minna. Du hast ja 'ne tolle Gesellschaft hier. Ihr wisst hoffentlich, was der da für einer ist.« »Is Pastor«, sagte die Polin, »is nett und kann gut beten.« Der eine Polizist lachte, dass der Raum bebte. »Wenn ich das erzähle, das glaubt mir keiner. Beten im Puff. Wie geil ist das denn?« Ich stand auf und sagte artig »Tschüss und machen Sie's gut.« Lucy hob das Heft. »Danke«, meinte sie, »das nehme ich mit; und wenn ich mal 'n lüttes Baby hab', dann lese ich das vor. Versprochen.« »Ok«, gab ich zurück, »versprochen.«

Dieses Erlebnis geschah im Jahr 1987. 30 Jahre ist das nun her, und ich denke immer noch daran. Manchmal sogar (ich kann gar nichts dagegen tun), wenn ich am Sonntag im Gottesdienst das Vaterunser mit der Gemeinde bete. Was wohl aus Lucy geworden ist? Ich habe das Gefühl, dass sie ihr Versprechen nicht vergessen hat. Es ist immer gut, wenn man ein Vaterunser bei sich trägt: schriftlich oder im Herzen. Selbst ich als beruflicher Vielbeter greife gern zu den bekannten Worten Jesu zurück. Mit diesem Gebet ist wirklich alles gesagt. Ich muss mir keine Extra-Worte zusätzlich ausdenken.

Da können meine Phantasie und mein Gesabbel endlich einmal zurückstehen. Und dass Gott zuhört, sogar damals in der Küche vom »Schlüpferstürmer«: Daran habe ich niemals gezweifelt. Denn dass ER dort war, habe ich beim Vaterunser körperlich gespürt.

Vater unser im Himmel,
Geheiligt werde dein Name.
Dein Reich komme.
Dein Wille geschehe,
wie im Himmel, so auf Erden.
Unser tägliches Brot gib uns heute.
Und vergib uns unsere Schuld,
wie auch wir vergeben unsern Schuldigern.
Und führe uns nicht in Versuchung,
sondern erlöse uns von dem Bösen.
Denn dein ist das Reich
und die Kraft und die Herrlichkeit
in Ewigkeit. Amen.

WEIHNACHTEN
oder
ZAUBERHAFT

....

Sechs Gottesdienste an einem Tag? Das muss Heilig Abend sein! Korrekt. Sechs Gottesdienste feiern wir in der St. Paulus Gemeinde in Buxtehude. Auch in fast allen anderen Kirchen ist zu Weihnachten der Himmel los. Die Engel schwirren herum: verkleidete kleine Mädchen mit Flügeln und Sternen im Haar auf dem Weg zu einem der ungezählten Krippenspiele. Allein in unserer Gemeinde gibt es drei davon: für die kleinen Kinder, für die Konfirmanden und für die »Allerkleinsten«. Die Allerkleinsten: Das sind die Kinder, die gerade erst geboren sind, bis hin zum zarten Alter von fünf bis sechs Jahren.

Um 11.30 Uhr, kurz vor Mittag, geht es los und die Kirche ist proppenvoll. Man könnte annehmen, eine Vollversammlung von Kinderwagen findet statt. Was machen Eltern mit Säuglingen hier? Nur die etwas älteren Kinder können sich schon freuen am riesigen Weihnachtsbaum mit Strohsternen und Kerzen sowie an der beeindruckenden Weihnachtskrippe aus Ton, die unter dem Baum zu entdecken ist. Die meisten der ganz kleinen Kinder kriegen davon noch gar nichts mit, aber die Eltern kommen trotzdem mit ihnen zum Gottesdienst. Manche Eltern waren bestimmt zu ihrer Konfirmandenzeit zum letzten Mal zu Weihnachten in einer Kirche. Es ist fast so, als wäre ihr eigenes Kind die Eintrittskarte, um endlich mal wieder im Weihnachtsspiel zu sein und die schönen alten Lieder zu singen.

Warum ist das so? Es liegt am vielfältigen Zauber von Weihnachten!

Hardcore-Theologen graust es zumeist an dieser Stelle. Weihnachten soll doch bitte nur eine Botschaft haben: die Freude über die Geburt von Jesus Christus. Okay, aber Weihnachten hat noch mehr zu bieten. »Unterbotschaften«, wenn man das so ausdrücken will. Oder noch anders formuliert: Weihnachten strahlt ein Licht aus; und wie jedes Licht strahlt es auf mehreren Frequenzen, die man nicht alle sofort erkennen kann.

Da ist natürlich Weihnachten als Lichterfest. Wer freut sich nicht daran? Mitten im dunklen Winter sind schon die Adventskerzen eine klammheimliche Vorfreude. Aber mit den Lichtern am Weihnachtsbaum geht doch erst so richtig die Post ab. Da strahlt die ganze Wohnung. Das Wohnzimmer wird zur guten Stube. Selbst die Augen strahlen. Wahrscheinlich haben auch die Augen der Hirten so gestrahlt, als sie die Engel mit dem Licht der himmlischen Heerscharen gesehen haben. So wird es jedes Jahr vorgelesen; und jedes Jahr wird diese Botschaft gehört und erlebt.

Weihnachten ist auch das Fest der Wärme. Wärme inmitten einer kalten Welt. Kalt war es damals in Bethlehem; Kälte erleben wir auch heute. Und warm wird es nicht nur durch die Kerzen, sondern durch das Zusammenstehen der Menschen. Mag es bei vielen auch »gekünstelt« wirken (»nur am Heiligen Abend sind die Leute nett zusammen«), so ist doch auch bei diesem Spiel der Gemeinschaft viel Ernst spürbar. Wieder eine Botschaft aus der alten Geschichte.

Und dann ist Weihnachten das Fest der Familie. Maria und Joseph und ihr neugeborenes Kind. Die kleine heilige Familie erleben auch viele der Menschen, die mit dem Kinderwagen zum Krippenspiel kommen. Keiner sagt das laut, und doch ist zu spüren: Wenn von dem Paar in der Krippe von Bethlehem vorgelesen wird, dann kommen wir da auch mit vor. Wie eine Projektionsleinwand kann diese Familie genutzt werden; und sie wird genutzt. Maria und Joseph wissen im Moment nicht, was die Zukunft bringen wird – genauso wie bei den kleinen Familien heute. Und doch sind da die große Freude an dem Kind und die große Hoffnung auf ein schönes Leben für und mit dem Kind.

Weihnachten als Familienfest hat aber auch eine knallharte Schattenseite. Eine Frau sagte mir: »Ich komme Heilig Abend nicht mehr! Ich bin geschieden, mein Mann hat mich mit Kindern und Schulden sitzen gelassen, und Ihr in der Kirche erzählt von der Super-Familie. Glücklich, auch in ärmsten Verhältnissen. Das ist nicht mehr meine Welt!« Was die Frau erzählt hat, stimmt. Auch ich habe eine Scheidung hinter mir und saß am ersten (allein erlebten) Heilig Abend einsam in der Küche. Zum Glück hatte ich nur einen Gottesdienst zu halten; die Weihnachtsgeschichte mit ihren Botschaften habe ich gelesen, als würde der Text wie hinter einer dicken Glasscheibe stehen. In einen Glastresor hatte ich auch mein Herz gelegt. Denn die Botschaft der Sehnsucht nach einem »heilen« Leben ist einfach da. Und was mich an der Weihnachtsgeschichte irritiert oder stört, was ich ablehne, das kann auch ein Indiz für einen großen Wunsch sein, der sich doch bitte auch für mich erfüllen möge.

Der Zauber von Weihnachten liegt darüber hinaus in der Fähigkeit zu sensibilisieren. Weihnachten macht uns achtsam auf das, was um uns herum geschieht. Wieder die Folge einer anderen Botschaft dieses Festes. Maria und Joseph leben nicht gerade in gesicherten Verhältnissen. Die Politik zwingt sie, wie Flüchtlinge im eigenen Land unterwegs zu sein. Freiwillig hätten sie das nicht getan. Ihr erstes Kind wird geboren in einem Stall. Das möchte keine Mutter erleben, und doch erleben es tagtäglich Millionen von Müttern. Das ist keine Romantik. Das ist das Leben (bis heute) in aller Härte.

Maria legt ihren Sohn in eine Futterkrippe. Ebenfalls alles andere als romantisch. Irgendeine Form von Hilfe oder Hygiene? Fehlanzeige. Das Leben kann grausam hart sein; und hier wird es geschildert. Und wer die Weihnachtsgeschichte hört, der ist sofort an die Bilder aus der letzten »Tagesschau« erinnert. Der Impuls vieler Menschen, zur Weihnachtszeit Geld für Hilfsorganisationen zu spenden, kommt nicht von ungefähr. Der Wunsch zu helfen ist eine Reaktion auf die Weihnachtsbotschaft.

Nun dürfen sich auch die Theologen freuen. Weihnachten feiern wir die Geburt von Jesus. Ein Kind, das den Zauber in sich trägt, in besonderer Weise Gott auf Erden darzustellen. Das merkte man zwar erst, als Jesus erwachsen war und sich von Johannes im Jordan taufen ließ. Dann erst zog er los, gewann Anhänger und handelte nächstenliebend im Namen Gottes. In dessen Namen predigte er auf eine Weise, die alle verstehen konnten: die Frommen ebenso wie die Nicht-Frommen; die Gerechten ebenso wie diejenigen, die einiges auf dem Kerbholz hatten. Gottes Liebe ist da und kommt an; zu jedem, der dafür sein Herz öffnen mag.

Apropos öffnen. Wenn der Küster zu den sechs Gottesdiensten am Heiligen Abend die Kirchentür öffnet, fühlt er sich jedes Mal wie der Hausmeister von ALDI, wenn neue Computer im Angebot sind. Ein Ansturm wie beim Winterschlussverkauf. In der Ecke hat er ein Schild bereit liegen: »Kirche überfüllt«, das ab 500 Besuchern draußen angebracht werden muss. Alle, die die Gottesdienste vorbereitet haben, freuen sich über den Ansturm. Die Krippenspielkinder und die Leiterinnen vom Kindergottesdienst, die mit ihnen lange geübt haben; die Musiker, die besonders festliche Musik vorbereiteten; der Küster mit seinem Team, wenn alle den Baum und den Schmuck bewundern; der Pastor, wenn so viele Menschen Freude haben, die alte Geschichte von der Geburt Jesu in Bethlehem wieder zu hören, und die schönen, bekannten Lieder zu singen: von »Ihr Kinderlein kommet« bis »O du fröhliche«.

In meiner Freude werde ich selbst wieder zum Kind. Und nur für einen kurzen Moment kommt eine ärgerliche Erinnerung in mir hoch. Die Erinnerung an einen Heilig Abend – Gottesdienst in meinem Heimatdorf. Ich war noch kein Konfirmand, aber ich entsinne mich, wie der Pastor bei seiner Weihnachtspredigt lauthals am Schimpfen (!) war. Alle, so meinte er, die nur heute in der Kirche sind, das seien »U-Boot-Christen«, die nur einmal im Jahr »auftauchen«. Auf die, meinte er, könne man getrost verzichten. »Die könnten auch gleich zuhause bleiben.« Als ich mich verwundert zu meiner Mutter drehte, sah ich, dass sie weinte. »So ein Mistkerl«, dachte ich damals, »der meine Mutter zum Weinen bringt an Weihnachten. Na warte!« Und so warte ich, dass dieser Pastor einmal in meinen Gottesdienst kommt oder in einen der unzählig vielen anderen, wo jeder Heilig-Abend-Besucher herzlich willkommen geheißen wird. Weihnachten ist zauberhaft. Und einen guten Zauber kann jeder von uns gut gebrauchen. Besonders am Heiligen Abend.

SEGEN
oder
SPOT AN!

....

Der Spruch war eingeritzt auf einem Holzbalken über
der Tür. Das alte Fachwerkhaus sah ich jeden Tag auf
meinem Fußweg zur Grundschule. Das waren noch Zeiten, als Kinder zu Fuß zur Schule gingen und nicht das
Mama-SUV-Taxi benutzt haben. Mit den anderen Kindern konnte man plappern, beim Bäcker für 10 Pfennig
einen Kuchenrand vom Vortag kaufen, und man erlebte
Dorf und Jahreszeiten hautnah. Und jedes Mal am alten
Haus vorbei. Ab der zweiten Klasse konnte ich auch den
Spruch lesen: »An Gottes Segen ist alles gelegen.«

Dass der Segen etwas Besonderes sein muss, habe ich
erst im Konfirmandenunterricht gelernt. Beim Pastor
in der Konfus-Stunde habe ich natürlich nichts gelernt;
der Typ war langweilig und konnte nur fürchterlich
meckern, wenn wieder einmal jemand nicht das Glaubensbekenntnis auswendig konnte. Der Unterricht war
nervig; wir saßen da nur unsere Zeit ab in der Hoffnung
auf ein baldiges Eintreffen der Konfirmation.

Und dann waren da noch die geschuldeten Got-
tesdienstbesuche. Zweimal im Monat war Pflicht. Von
wegen Ausschlafen. Meine Mutter weckte mich und
legte mir meine Sonntagshose parat. Die kratzte fürchterlich an den Beinen; aber weil sie so schön war (wie
Mama fand), durfte sie nur zum Gottesdienst angezo-
gen werden. Fahrrad fahren war mit diesem Beinkleid
untersagt (damit sie keine Spritzer abbekommt!) wie
das Fußballspielen mit einem Tennisball auf dem Rasen

vor dem Gemeindehaus (grünes Gras kann man nicht auswaschen!). Also: Fußmarsch zur Dorfkirche. In der Kirche setzte ich mich immer ganz nach hinten an's Fenster. Mit etwas Glück schien die Morgensonne auf das grüne Tal der Seeve. Da wäre ich jetzt gern gewesen und hätte meine selbstgebastelten Boote fahren lassen. Aber stattdessen: verordnete, nichtssagende Langeweile mit kratzender Hose.

Nach kurzer Zeit wusste ich, wer da noch so aus unserem Dorf am Sonntag in die Kirche ging. Besonders eine alte Dame fiel mir jedes Mal auf. Es war Oma Berg. Sie war schon über 90 Jahre alt und ging am Krückstock, krumm wie ein rechter Winkel. Meine Großmutter sagte mir, sie habe als junges Mädchen schon derart schwer auf dem Feld arbeiten müssen, dass sie am Ende so krumm wurde. Mit Mühsal setzte sie sich in die Kirchenbank und blieb dort die ganze Zeit sitzen, auch wenn der Pastor die Gemeinde zum Aufstehen aufforderte bei den Lesungen, dem Bekenntnis sowie dem Vaterunser. Nur wenn der Pastor vorne – ganz zum Schluss – die Arme ausbreitete, um den Segen zu sprechen, zog sich Oma Berg mit aller Kraft an der Lehne der Vorderbank hoch. Zum Segen stand sie auf! Als Konfirmand erkannte ich: Das muss was Besonderes sein.

So ist es. Dass der Segen eine ganz und gar andere Handlung in der Kirche ist, hat sich herumgesprochen. Es gibt sogar Gemeinden, die besondere Segnungsgottesdienste anbieten, die stark besucht werden. Da wird jedem persönlich unter Handauflegung der Zuspruch der Nähe Gottes »auf den Kopf« zugesagt. Das bedeutet nämlich Segen: dass Du gemeint bist; dass ich gemeint bin. Für jeden Einzelnen gilt ganz persönlich: Spot an! Licht an! Nur für Dich! Du bist nicht einer von Millionen im Telefonbuch. Du bist der von Gott angesehene und angesprochene, der gesegnete Mensch. Frage ich im Anschluss einer Taufe oder Trauung, was den Leuten am besten gefallen habe, so wird oft gesagt: »Als sie uns (oder dem Kind) den Segen gegeben haben, das war wunderbar!« Und das sagen Menschen, die zuvor keine kirchliche Bindung erkennen ließen. Segen: Das ist eine Herzenssache. Man kann ihn nicht sehen, wohl aber fühlen.

Sichtbare Segen gibt es auch! Kaum zu glauben: Jahreskalender mit »irischen Segenswünschen« sind Jahr für Jahr der Renner im Kalendergeschäft. Nicht nur wegen der schönen großen Bilder aus Irland. Dort, auf der grünen Insel, haben sich Segensformulierungen entwickelt, die in naturverbundener Sprache Gottes Zuspruch weitergeben. Ein Beispiel: *Mögest du warme Worte an einem kalten Abend haben, Vollmond in einer dunklen Nacht und eine sanfte Straße auf dem Weg nach Hause.* Unsere ganze Phantasie ist angesprochen. Und der nicht ausdrücklich erwähnte Gott im Hintergrund des Segens ist deutlich und gleichzeitig unaufdringlich zu bemerken. Denn wer sonst sollte diesen Segenswunsch garantieren?

Segen ist etwas Besonderes. Sogar auf dem Schützenfest. Einmal im Jahr ist es auch in unserer Kleinstadt soweit. Zum großen mittäglichen Festbankett in der Schützenhalle sind – wie es sich seit ewigen Zeiten gehört – auch Bürgermeister und Pastor eingeladen. 400 Schützen sind munter am Feiern. Deftiges Essen bei Bier und Wein füllt die Tische. Die Stimmung ist launig. Und launig ist auch meine Andacht, bei der die Schützen tatsächlich zuhören. Witze und Anekdoten dürfen in der kleinen Predigt nicht fehlen und werden mit Szenenapplaus gewürdigt. Bei »Lobe den Herren« singen alle mit, wohl auch, weil die Feuerwehrkapelle das Lied so schwungvoll begleitet – im Walzertakt! Dann ändert sich die Stimmung. Wenn ich sage, dass ich zum Ende den Segen sprechen möchte, erheben sich alle unaufgefordert. Vor meinem inneren Auge sehe ich wieder Oma Berg vor mir. Es ist mucksmäuschenstill. Selbst der Wirt und seine Bedienungsdamen lassen die Gläser ruhen oder bleiben stehen. Die Worte des Segens gehen durch den Raum. Schade, dass man Gänsehaut unter den Schützenjoppen nicht sehen kann. Aber sie ist ganz sicher vorhanden.

Nach dem »Amen« geht die Feier weiter. Auch am Tisch mit Bürgermeister und Pastor. Da kommt ein alter Schütze zu mir und sagt mit einer Träne im Auge: »Das ist so lange her, dass ich mal wieder einen Segen bekommen habe!« Sprach's und ging. Was für eine schöne Formulierung: einen Segen »bekommen«. Wie eine schöne Grußkarte, die man einstecken und mitnehmen kann. Jeder Mensch braucht ab und zu gute Worte; das gute Wort Gottes im Segen braucht er auch.

ASCHERMITTWOCH
oder
SIEBEN WOCHEN »MIT«

Mein Freund Matthias hat ein Weinbistro in unserem Städtchen. »Primus« heißt es, und prima ist es dort. Es gibt schöne Weine, leckere Kleinigkeiten, eine gemütliche Stimmung und immer nette Leute, mit denen man in's Klönen kommt. Meine Frau und ich schaffen es meistens, einmal in der Woche um 17 Uhr, bevor es so richtig los geht, zu einem Abendtropfen vorbei zu kommen. Dann sind noch keine Gäste da und Wirt und Pastor können – wie in alten romantischen Zeiten – das Wichtigste vom Kleinstadtgeschehen beschnacken. Der Schlachter wird wohl schließen. Die Frau vom Zahnarzt ist mit einem Lover nach Mallorca durchgebrannt. Bei Weinfest sollen die Bluesboys spielen. Am Ende des Glases überlegen wir eigene Veranstaltungen. So kamen wir auf den bevorstehenden Aschermittwoch zu sprechen. Zum Glück sind wir so norddeutsch, dass die Jeckenmentalität nicht zu uns durchgedrungen ist. Rosenmontag kommt höchstens bis Braunschweig. Am Karnevalstag sagen allerdings auch viele Nordlichter »Carne vale!« (auf gut deutsch: Tschüß, ihr leckeren Fleischgerichte!) – nun beginnt mit Aschermittwoch die Fastenzeit. »Sieben Wochen ohne« – ist bei vielen (auch nichtkirchlich eingestellten Menschen) eine bekannte Losung. »Da müsste man eigentlich mitten in einem Weinlokal eine Andacht feiern«, sinnierte ich. »Super Idee! Und das machen wir hier!«, sagte Matthias, der finster entschlossen aussah. Fastenbeginn im Weinlokal? Verrückter geht's nicht. »Also los«, sagte ich und die Planung begann. Wir überlegten uns ein Setting, die Presse wurde informiert, Flyer wurden gedruckt. Fünf Minuten Nachdenken für wenig Geld und große Wirkung.

Denn an jenem besagten Tag um 18 Uhr war die »kleine Abendandacht zum Aschermittwoch« im Weinbistro vollbesucht. Das »Primus«-Team hatte ganze Arbeit geleistet. Überall flackerten Kerzen. Auf jedem Tisch und jedem Bord. Selbst alte (leere) Magnumflaschen konnten als Kerzenständer dienen. Der Buchaufsteller für das Gästebuch wurde zum Bibelhalter umfunktioniert. Die Theke verwandelte sich in einen Altar mit Kreuz und Lichtern, die sich in einem darüber hängenden Himmel von Kristallweingläsern wie 1000 Sterne widerspiegelten. Auf den Tischen lagen kleine Liederzettel. Mineralwasser stand kostenlos herum; allerdings durften ernsthaft besorgte Weinfreunde sich auch ein »wönziges Schlöckchen« bringen lassen. Dann ging es los. Statt Glockengeläut wurden Weingläser angeschlagen. Matthias, der Wirt, begrüßte die Bistrogemeinde. Er übernahm auch die kleine Lesung aus der Bibel. Erstaunlich, wie an einem fremden Ort mit einer fremden Stimme altbekannte Texte neu wirken. Dann war ich mit der Andacht dran. Ich erinnerte an die alte Fastentradition und die plattdeutsche Redensart: »Wat den eenen sien Uhl, is den annern sien Nachtigall.« Wo der eine sieben Wochen auf Alkohol verzichtet, fastet ein anderer mit Süßigkeiten, Fernsehen oder Fleischgenuss. Andere – wie ich – machen nicht »Sieben Wochen OHNE«, sondern »Sieben Wochen MIT«. So backt ein Bäcker in unserer Gemeinde in den sieben Wochen vor Ostern ein besonderes Brot. Für unsere Paulus-Gemeinde das »Paulz-Brot«. Ein Renner.

Von dem besonders gewürzten Brot geht ein Teil des Gewinns an die Gemeinde. Da das Brot nur zu einer gewissen Zeit zu haben ist (eben nur 7 Wochen lang), ist es begehrt wie später der Spargel. Kaum einer kauft ein Brot nur für sich, sondern gleich noch eines zum Verschenken. Man kann auch sieben Wochen auf den Gedanken »Ich kaufe nur für mich« verzichten. Und so wird Aschermittwoch nicht zu einem Leidensbeginn, sondern zu einem Lebensbeginn, um neue Lebensmöglichkeiten für sich auszuprobieren. Dann sang die ganze Bistrogemeinde »Der Mond ist aufgegangen«, so dass sich die Leute in der Fußgängerzone gewundert haben und auch noch dazukamen.

Aus unserer einmaligen Bar-Andacht wurde ein regelrechter Renner. Menschen, die sich sonst nie mit kirchlichen Fragen beschäftigt haben, waren auf einmal mitten drin. Das Ganze wirkte überhaupt nicht aufgesetzt. Wenn der Glaube mit seinen Fragen nicht mitten im Leben erscheint, wo dann bitte sonst? Aus dem einmaligen Erfolg wurde eine ganze Reihe. Lebensworte an Lebensorten – so hieß es nun. Mit anderen Pastorenkollegen besuchten wir nun (nach Absprache und Werbung) Kinderspielzeugläden, Zahnarztpraxen, Autohäuser, Friseursalons (»Bei mir biste scheen«), Apotheken und Einkaufsläden. Nach anfänglicher Überraschung empfanden jedes Mal die Besucher eine solche Kirchenkontaktmöglichkeit als bereichernd. Da sieht man mal, was alles aus einem Bistrogespräch entstehen kann.

TAUFE
oder
FEUCHTER SEGEN

....

Mein Diensttelefon klingelt. Es ist zwölf Uhr Mittags. Etwas ärgerlich wie dereinst Gary Cooper lasse ich meinen Hackbraten (mit Kapern) ruhen und eile zum Schreibtisch. Warum rufen Leute mich immer in der Mittagszeit an, wo doch halb Fernsehdeutschland weiß, dass ich gerne koche? Meine Frau und ich haben darüber sogar einen mündlichen Ehevertrag. Ich koche und sie bügelt. Einmal habe ich versucht zu bügeln. Das ist drei Jahre her, doch noch heute können sich alle Nachbarn an den Großeinsatz der Feuerwehr aus Buxtehude erinnern. Es ist erstaunlich, wie ein heißes Bügeleisen auf einem neuen Bügelbrett ein aufgeräumtes Bügelzimmer in eine Räucherkammer verwandeln kann. Als Akt der Rache hat dann meine Frau die Idee gehabt zu kochen. Da sie aber die Nudelpackungsbeilage nicht gelesen hatte und weder Arzt noch Apotheker befragte, merkte sie erst zu spät, dass man Spaghetti nicht in lauwarmem Wasser schonend gar ziehen lassen kann. Immerhin konnten wir mit den Nudeln am Ende noch Mikado spielen.

Am Telefon höre ich die Stimme einer jungen Frau. »Ich möchte sagen, dass unser Kind geboren ist, und wir möchten es taufen lassen.« Mein Küchenärger ist verflogen. »Schön«, sage ich, »wie heißt denn Ihr Kind?« »Jean-Pascale«, sagt sie. »Oh, was für ein seltener Name«, stelle ich fest. »Wie sind Sie denn auf diesen Namen für Ihren Jungen gekommen?« »Es ist ein Mädchen, und ich bin auf den Namen gekommen, weil ich da immer einkaufe.« »Das habe ich nicht verstanden«, gebe ich zu. »Ja, Jean-Pascale, das Modegeschäft in unserer Straße. Dort kaufe ich immer meine Pullover, und so fiel mir der Name für mein kleines Mädchen ein!« Was für ein Glück, dass die junge Mutter nicht bei »Woolworth« einkaufen ging. Nomen est omen, so wussten es schon die alten Römer. Aber sie wussten sicherlich noch nicht, auf welche Namensvorschläge moderne Eltern kommen. Pepsi Carola? Tingeltangel-Bob? Clueso? Warum nicht, immer rein damit in die Geburtsurkunde. Die Babys können sich ja nicht dagegen wehren, aber sie werden ihre Eltern ein Leben lang nicht vergessen.

»Es gibt da aber noch ein Problem«, sagt die Mutter. Mein Freund Tommi (war das nicht der Name eines Baumarktes?) und ich sind aus der Kirche ausgetreten. Wegen der Kreuzzüge und dem Papst. »Upps, wegen des Papstes?«, frage ich ungläubig, aber doch im Vollbesitz der deutschen Grammatik und der Kirchengeschichte. »Aber Sie sind hier in einer evangelischen Kirchengemeinde.« »Aber das ist doch alles Kirche, und Tommi und ich finden, der Papst lebt in einem Palast in Rom, und den wollen wir nicht bezahlen.« Diese Argumentation konnte ich leider nicht sogleich widerlegen, so dass ich auf die Kreuzzüge gar nicht erst eingegangen bin.
    »Aber«, fragt sie zaghaft, »taufen tun Sie doch unsere Jean-Pascale?« »Klar«, sage ich, »aber die Paten, die müssen in der Kirche sein.« »Das ist nun das zweite Problem«, meint die Mutter. Ich ahnte es schon: Keiner der angedachten Paten ist Mitglied in einer Kirchengemeinde. »Das muss doch aber auch gar nicht mehr sein«, meint sie mutig, »meine Freundin Brigitte (war

das nicht der Name eines Schmuckgeschäftes?) sagte, in Hamburg gibt es keine Taufpaten mehr, sondern nur noch Taufzeugen. Und das dürfen alle sein. Ausgetretene und auch Moslems. Das steht dann auch im Stammbuch! Hat der Pastor von Hamburg gesagt!« Leider kenne ich *den* »Pastor von Hamburg« nicht persönlich, aber ich musste der jungen Mutti nun doch reinen Wein bzw. reines Taufwasser einschenken. »Taufzeugen« sind eine Kopfgeburt wie einst die kleine Pallas Athene. Sie sind ein Mythos. Es gibt sie rechtlich nicht. Man ist entweder Pate oder einfach nur Besucher beim Taufgottesdienst oder Freund der Familie oder die liebe Tante von der kleinen Jean-Pascale. Zack und fertig. Ganz einfach. Auf dem Tennisplatz kann ich auch nur spielen, wenn ich Mitglied im Tennisclub bin. Wie der eine und wohl einzige »Pastor von Hamburg« das anders begründet, weiß ich nicht. Aber in unserer hannoverschen Landeskirche sind wir Christen in Niedersachsen noch sturmfest und erdverwachsen ohne weichgespülte Namenserfindungen wie »Taufzeugen«. Außerdem erinnert mich das Wort an »Unfallzeugen«, und es trifft weder bei Geburt noch Taufe zu.

Am Ende des Telefonats habe ich mich dann zum Taufgespräch mit den jungen Eltern verabredet. Mein Hackbraten mit Kapern kam noch rechtzeitig in die Röhre und das kalte Bügeleisen wartete auf meine Frau.

Zwei Tage später erschien ich zum Taufbesuch. In der Tat: In der Straße fand ich ein »Jean-Pascale«-Geschäft. Die Eltern führten mich in ihr Wohnzimmer, das aussah wie das Bällchenbad bei IKEA. (Ich stellte mir vor, sie hätten ihr Kind »Billy« genannt.) Auf einer dicken Diddel-Maus-Decke lag das kleine Taufmädchen und schlummerte selig vor sich hin. Wenn man nicht weiß, was das alte Wort »heilig« bedeutet, dann muss man sich nur ein schlafendes Baby angucken. Dann weiß man es und vergisst es nie. Vater Tommi und die junge Mutter namens Conny (ist das nicht der Name eines Müsli-Riegels?) saßen mit mir auf dem Boden um das Baby herum. »Zum Glück haben wir doch noch zwei Paten gefunden. Meine Mama und Tommis Ex.« C'est la vie. Ohne auf Kreuzzüge, Papst und Petersdom einzugehen, fragte ich behutsam, warum sie denn ihr Kind taufen lassen wollten. Tommi gab ehrlich zu, dass ihm das ganz egal sei. Wenn Conny das gerne möchte, dann sei das für ihn in Ordnung. »Aber so rumbeten auf Latein, das kann ich nicht. Und Singen kann ich auch nicht.« Mama Conny war ebenfalls ganz offen: »Ich finde, ein Kind muss getauft sein, denn dann beschützt es der liebe Gott. Außerdem bin auch ich getauft und meine Mutti und meine Oma und immer so weiter. Und nun ist unsere Jean-Pascale dran.« Große Dinge können manchmal ganz einfach gesagt werden. Zwar hätte jetzt ein oberschlauer Supertheologe noch einiges hinzufügen können von Paulus bis zu Martin Luther. Der meinte, dass in der Taufe unser »alter Adam ertränkt« würde. Leider kann der Typ bekanntlich schwimmen. Ich hingegen habe Luthers Theologie beiseite gelassen und Connys Glauben in den Mittelpunkt meiner Taufpredigt gestellt.

Taufe verbindet uns mit Gott und seinem Segen. Und Taufe verbindet uns auch als Familie und Gemeinde über Generationen hinweg. Dann haben wir für Jean-Pascale, Tommi und Conny gebetet, aber nicht auf Latein. Und das Vaterunser hat Tommi sogar mitgesprochen; man kann es schließlich im Gesangbuch abgedruckt finden und mitlesen.

Am Ausgang kam die Taufpaten-Oma auf mich zu. Sie bedankte sich für den Gottesdienst und den Bronzeengel, den ich dem Kind geschenkt habe. »Darf ich Sie nach Ihrem Namen fragen, Herr Pastor?« »Gerne«, sagte ich, »mein Name ist Schlicht.« »Ach, das ist doch der Name von einem Schnaps.« »Nein«, sagte ich, »der Schnaps heißt Schlichte. Ich bin die kleine Sparversion ohne ›e‹.« »Hauptsache, Sie sind kein ›Kleiner Feigling‹«, sagte sie und ging lachend mit Jean-Pascale in den sonnigen Sonntag.

VERGEBUNG
oder
ABER NICHT FÜR THERESE!

»Vergeben und vergessen«, sagte mein Opa, nachdem
ich den Fußball mit einer Wolfgang-Overath-Flanke in
sein Schuppenfenster gelenkt hatte. Als kleiner Junge
war ich im Großen und Kleinen kein guter Fußballer.
Wenn die Jungs auf der Straße kickten (das war Anfang
der 70er Jahre noch möglich), dann wurde ich beim
Auswählen der Teams immer fast als Letzter aufgeru-
fen. Aber immerhin noch vor den Mädchen, die auch
mitspielten. Nur beim Einzeltraining an unserer Haus-
wand war ich wirklich gut. Drehschuss wie der pum-
melige Gerd Müller? Logo! Durchstarten wie Günter
Netzer? Klaro! Flanken wie Overath? »Klirro«. Saube-
rer Durchschuss. Opa war nur sauer wegen der vielen
Scherben in seinem Feuerholzhaufen, so dass ich lieber
gleich beim Einsammeln mitgeholfen habe. »Tschuldi-
gung«, sagte ich kleinlaut. »Vergeben und vergessen«,
sagte Opa.

Bei ihm stimmte der Spruch. Ich aber habe es – wie
man hier lesen kann – eben nicht vergessen. Denn wenn
einem ein Missgeschick passiert, das anderen schadet,
so bleibt das in der Erinnerung. Gleiches gilt für böse
Erfahrungen, die man mit seinen Mitmenschen macht.
Wenn jemand mich anlügt oder anschwärzt, wenn jemand hinter meinem Rücken gegen mich Stimmung
macht oder Unwahrheiten über mich erzählt, dann
kann sich dieser Jemand zwar entschuldigen, aber aus
der Erinnerung kann ich es nicht so einfach löschen, so

wie Opa es konnte. Wie war noch der schöne Satz von Herbert Wehner? »Ich bin nicht nachtragend, aber ich vergesse nichts!«

Zum Beispiel Therese. Von einem Moment auf den anderen habe ich mich in sie verliebt. Im Studium, genauer gesagt: in der Bibliothek. Wir teilten uns einen Schreibtisch, auf den wir unsere Bücher für eine Seminararbeit stapelten. Sie schrieb über Johannes den Täufer, ich über einen Sermon von Martin Luther. In der Pause, beim Tütenkakaotrinken und Käsebrotessen sprachen wir über unsere Themen und dass wir eigentlich lieber im Schwimmbad wären statt in der staubtrockenen Büchergruft. Da die Hitzewelle jedoch noch einige Tage anhielt, ließen wir eines Tages die Arbeit liegen und lagen dafür auf dem Badelaken. Statt Bibelkunde und Kirchengeschichte sprachen wir über die beste Pizza in Hamburg, die Blues Brothers und das neue Buch »Salz auf unserer Haut«. Von diesem Buch ist es nur noch ein Katzensprung bis zum Verlieben. Und so kam es denn auch. O, dass sie ewig grünen bliebe, die schöne Zeit der jungen Liebe. Nach Schillers Gebrauchsanweisung folgte ich nun errötend ihren Spuren (und sie den meinen). Ab und zu kamen wir auch wieder zum Arbeiten. Trotz – oder gerade wegen – der Liebe ernteten wir beide jeweils ein »Sehr gut«. Doch »der ersten Liebe goldne Zeit« ist zeitabhängig und die Zeit ist nun einmal nicht die Ewigkeit. Das merkte ich schmerzhaft nach einem Jahr. Nachdem wir – studienbedingt – für ein Semester an unterschiedlichen Orten waren, stellte ich bei einem Besuch bei ihr fest, dass im Arbeitszimmer ein Herrensportfahrrad parkte. Ohne langes Zögern sagte sie mir, dass sie jetzt mit einem gewissen

Dennis zusammen sei. Er sei Student und Radsportler und höre Herbert Grönemeyer. Seit diesem Tag hasse ich Sportfahrräder. Sie geleitete mich zur Tür, drückte mir noch ein gehauchtes Küsschen auf die Wange. Und das war es dann. Der Wahn war kurz. Der Schmerz blieb lang. Ehrlich ist die liebe Therese ja gewesen. Aber weh getan hat es trotzdem; ein bisschen sogar bis heute. Eigentlich fand und finde ich das sogar richtig fies von ihr. Als sie merkte, dass sie den sportiven Dennis lieber hat, dann hätte sie doch gleich mit mir Schluss machen können. Aber nein. Erst gleich mal miteinander schlafen, dann hat man eine Entscheidungsgrundlage. Grönemeyers »Was soll das« lässt grüßen. (Herbert G. finde ich seitdem auch nur noch doof.) Bis heute. Bis heute habe ich Therese das nicht vergeben können. Das hört sich zwar theatralisch an, trotzdem ist es so. Die Wunde bleibt zurück, die sie mir zugefügt hat.

Genauso schwer ist die Sache der Vergebung aber auch, wenn es sich um mich selbst handelt. Auch ich habe Sachen angestellt, die weit schwerer wiegen als Opas Fensterscheibe, die ich eingeschossen habe. Ich habe nicht nur unabsichtlich im Leben so manchen Bock geschossen. Manche habe ich auch mit Absicht erlegt, gezielt und getroffen über Kimme und Korn. Eine Verabredung, die ich absichtlich vergessen habe. Eine Sitzung, die ich wegen eines erfundenen Infektes ausfallen ließ. Schlimmer wiegen für mich aber die gewollten Notlügen oder gezwungenen Ausreden im persönlichen Umfeld. Anstatt ehrlich zu sagen »Ich habe keine Lust dazu« oder »Ich möchte darüber jetzt nicht reden« fällt es mir erschreckenderweise leichter, mit Notlügen zu hantieren. Am Ende stehe ich dann vor dem Spiegel und **43** frage mich, ob ich mir selbst vergeben kann. Natürlich fallen mir dann auch Geschichten meines Glaubens ein. Konnte sich Petrus je selbst vergeben, dass er Jesus verleugnet hat? Konnte sich Paulus verzeihen, dass er zunächst die Christen bis auf's Blut verfolgt hat? Paulus hat so einiges davon geschrieben, wie sehr er auch später mit diesen Erinnerungen kämpfen musste. Doch er wusste sich in seiner Schuld aufgehoben bei Gott und seiner Vergebung. Wenn mir gar nichts mehr einfällt, ist das auch mein Trost. Und ich versuche in freier Umdeutung des Satzes von Salomon Geßner aus dem 18. Jahrhundert *die Stunden meiner Schuld* zu *vergessen, aber nicht das, was sie mich* bis heute *lehren.*

GRÜNDONNERSTAG
oder
ICH MAG KEINEN SPINAT

Grün. Die Farbe der Hoffnung, und das wegen eines althochdeutschen Wortes. »Gruoen« heißt »wachsen« – und wachsen tut, was grün ist. Und was grün ist, lebt. Tätärätä: Schon ist die Hoffnung des Lebens grün. Und die Farbe der ökologischen Parteifreunde. Und die Lieblingsfarbe der Autofahrer.

»Es grünt so grün, wenn Spaniens Blüten blühn«, singen alle mit »My fair lady« und schon sind wir im Frühling. Das Frühlingsfest par excellence ist natürlich Ostern. Doch schon davor sind – um die Bedeutung des Festes zu unterstreichen – wichtige christliche Feiertage vorgeschaltet. Am Sonntag vor Ostern geht es los mit »Palmarum«, dem Palm(en)sonntag, der an den historischen Einzug Jesu in Jerusalem erinnert. Dann beginnt die Leidenswoche, die Passionswoche Jesu. Ein erster Höhepunkt ist der Donnerstag, an dem Jesus mit seinen Freunden das Passahfest feierte. Es erinnert Juden bis heute an den Auszug des Volkes Israel aus Ägypten. Unvergessen seit 1956 mit Charles Heston als Moses und Yul Brynner als Pharao, dessen Streitmacht im Roten Meer versinkt. Das Originaldrehbuch steht übrigens im 2. Buch Mose. An dieser Stelle sei einmal eine Lanze für die Hollywood-Sandalenfilme über biblische Themen gebrochen. Durch solche Monumentalschinken ist mehr christliches Geschichtswissen (wenn auch dramaturgisch verstärkt) weitergegeben worden als durch so manchen traurigen Konfirmandenunterricht. Denken wir nur an »Ben Hur«, »Quo vadis« oder

»Das Gewand«. Selbst die Trickfilmgeneration lernte so manches vom »Prinz von Ägypten«.

Der Tag, den wir den »grünen Donnerstag« nennen, wird andernorts auch anders genannt. In den Niederlanden heißt er »witte Donderdag«, in Frankreich »jeudi blanc«: auf deutsch jeweils »der weiße Donnerstag«. Woher kommt der Farbwechsel? Er entstammt alten kirchlichen Traditionen. Die weiße Farbe gilt seit jeher als Farbe der Sauberkeit, der (auch inneren) Reinheit. An jenem Donnerstag in Jerusalem hat Jesus mit dem Abendmahl den Jüngern die Freiheit zum Weiterleben geschenkt. Er geht für sie in den Tod und sie sind frei. Dieses Geschenk Jesu ist an diesem Tag immer wieder besonders gefeiert worden. Man feierte Taufen (Tauffarbe = weiß) oder man nahm »Sünder« wieder auf, die durch Fehlverhalten aus der Gemeinde austreten mussten. Ihnen wurde an diesem Donnerstag durch die Wiederaufnahme Vergebung zugesichert (Farbe der Buße und Vergebung = weiß). Doch was bei Holländern und Franzosen die Farbe »weiß« symbolisiert, stellt für uns die Farbe »grün« dar. Weiß finden wir auch recht schick, aber Grün (vor allem im Frühling nach dem dunklen, schneeweißen Winter) ist doch eine lebensnähere und wärmere Kolorierung. Und schon ist der Gründonnerstag bei uns derart angemalt.

Die Farbe hat sofort die volkstümlichen Assoziationen geweckt, besonders in der Küche. So gibt es bis heute viele Familien, bei denen an diesem Donnerstag zu Mittag Grünzeug auf den Tisch kommt: Grünkohl (der vom Frost noch übrig ist), Spinat ohne Blupp, Grüne Soße (nicht nur in Frankfurt), Petersiliensuppe. Hätte

es damals schon Wackelpudding mit Waldmeisterge-
schmack gegeben, wäre der sicherlich auch serviert worden. Während grüne Süßspeise allerdings (bis heute)
bei Kindern gut ankommt, ist das mit Grünkohl und
Spinat seit jeher so eine Sache. Wegen der unleugba-
ren Bitterstoffe mögen die Kleinen das Grüne nicht
zu gerne. Und so kommt es – ebenfalls bis heute – zu
mancherlei Tränen am Festtagstisch. Womit die Kinder unfreiwillig auf die rechte Spur der Namensdeutung
dieses Donnerstags führen. Denn »grün« ist für diesen
Tag eine Ableitung des mittelhochdeutschen Wortes
»grein« bzw. »greinen«. Und Greinen bedeutet (einige
wissen es vielleicht noch): Weinen. Der »Donnerstag des
Weinens«: Greindonnerstag. Vernuschelt: Gründonnerstag. Geweint wurde, weil Jesus seinen Verrat und
Tod prophezeite; geweint hat Jesus selbst vor seiner
Gefangennahme im Garten Gethsemane.

In diesem kleinen Gärtchen vor Jerusalems Toren beim
Kidrontal durfte ich selbst einmal sitzen. Anders als
bei vielen anderen biblischen Sehenswürdigkeiten muss
man hier endlich mal keinen Eintritt zahlen. Ich saß auf
der Erde unter einem der über 1000jährigen Oliven-
bäume. Beim Blick auf die Stadtmauer wird klar, dass
Jesus hier sein Ende – im wahrsten Sinn des Wortes
– kommen sah. Die Soldaten, die ihn in der Nacht gefangen nehmen sollten, kamen mit Fackeln. Der Fackel-
zug zu Haft, Prozess und Tod. Seine überlieferte Angst
(»Lass diesen Krug an mir vorübergehen«) ist mehr als
gedanklich nachvollziehbar; wenn man mit etwas Phantasie dort verweilt, kann man es selbst fühlen. Hinter
der Mauer, in der Stadt, feiert das Volk das große Fest
der Freiheit; für die Freiheit seiner Jünger (die ja an

unserer Stelle stehen) geht er nun in den Tod. Ein Gedanke, der nicht leicht zu fassen ist.

In vielen Kirchengemeinden wird der Gottesdienst
am Gründonnerstag am Abend gefeiert. Seit Ende der
70er Jahre hat sich die Form des »Tischabendmahls«
verbreitet. Man trifft sich nicht in der Kirche mit Fron-
talgottesdienst, Predigt und Abendmahl vor dem Altar,
sondern man sitzt im Gemeindesaal an einem großen,
gedeckten Tisch. Musik spielt im Hintergrund. Es werden Lieder angestimmt und Texte gelesen. Auch die
Christen dürfen sich an die große Befreiung erinnern,
die Israel bei der Flucht aus Ägypten zuteil geworden
ist. Jesus feierte ebenso diesen Tag mit diesem Fest.
Doch dann gibt er noch einmal Brot und Wein herum,
wie es auch in vielen Kirchengemeinden getan wird.
Noch einmal wird für Brot und Wein als »Lebens-Mit-
tel« gedankt, bevor die Worte Jesu gesagt werden: »Dieses Brot – mein Leib – mein Leben: für dich gegeben«.
»Dieser Kelch – der Wein – das Blut – mein Sterben:
für dich gegeben«. Wer die Möglichkeit hat, eine solche
Feier am Gründonnerstag mit zu erleben, der sei herzlich ermutigt, diese Chance zu ergreifen. Das Abendmahl wird so von einer theologischen Kopfgeschichte
zur eigenen fühlbaren Herzensangelegenheit.

Gründonnerstag gibt es auch bei mir zu Mittag etwas
Grünes. Meine Frau verzweifelt darüber Jahr für Jahr
und geht demonstrativ während des Kochens mit dem
Hund durch die angegrünte Feldmark. Ich brate grünen Hering. Jaja, ich weiß. Alle Hausfrauen der Welt
rümpfen jetzt die Nase. In der Tat: Grünen Hering zu
bereiten, das ist geruchsintensiv. »Da hast Du tagelang

was von«, sagte Oma und Oma hatte immer Recht. Deshalb – um des lieben Friedens willen – wandere ich mit dem grünen Hering in die grüne Natur. Im häuslichen Garten baue ich auf dem Rasen unter den frühlingshaften Bäumen den Grill auf und lasse den – wie ich finde – leckeren Duft zu den Nachbarn schweben. Zwar stehe ich nicht unter uralten Olivenbäumen, aber auch neben meiner alten Felsenbirne kann ich mich mit einem Glas Grünen Veltliner zum Gründonnerstag festlich einstimmen.

BUßE
oder
BÜGELN

··

Du hast keine zweite Chance für den ersten Satz!
Diese Lehre aus einem Seminar für angehende Pastoren oder Tupperwareverkäuferinnen hat schon
Jesus berücksichtigt. In den Evangelien von Markus
und Matthäus ist seine erste Predigt mit seinem ersten Satz überliefert worden. Dieser lautet: »Tut Buße,
denn das Himmelreich ist nahe herbeigekommen.«
Naja. Historisch interessant. Aber lebensnah? Dass
Menschen sich freuen, wenn etwas »nahe herbeigekommen« ist, kann man ja noch nachvollziehen. Der
Regionalzug, der endlich nach ewiger DB-Verspätung
im Bahnhof ankommt; der Freitag, mit dem das lang
erwartete Wochenende beginnt; der erste Urlaubstag
nach unendlichen Arbeitswochen: Wenn etwas Gutes
bei uns ankommt, ist das schon eine freudige Sache.
Aber »Buße tun«? Nein, danke. Wer macht denn sowas
und dann auch noch freiwillig? Wenn meine Frau sagt:
»Ich tu' mal wieder Buße«, dann meint sie: »Ich werde
mal wieder Bügeln!«. Buße verbinden wir mit negati-
ven Pflichten; irgendwelche Taten, die getan werden
müssen, aber ohne jedwede Lust und Freude. Buße in
Verbindung mit Religion weckt noch schlimmere Assoziationen: Beichtstuhl und Beichtfrage und Beicht-
übungen. Selbst harte Protestanten haben Bilder von
katholischen Beichtpraktiken vor Augen: x-mal Vater-
unserbeten etc. Die »Gottesvergiftung« von Tilmann
Moser lässt güßen. Buße – nein Danke! Das wäre auch
mal einen Button wert.

Die Bedeutung des ersten Satzes hat auch Martin Luther verstanden. In seinem ersten öffentlichen Satz, in seiner ersten Ablassthese vom 31.10.1517, zitiert er ausgerechnet den ersten Predigtsatz Jesu. Also noch einmal: Tut Buße! Aber Luther fährt fort (übrigens ganz im Sinne Jesu): Buße ist nicht eine Einzeltat (Beichten beim Gang in den Stuhl), sondern eine Lebenshaltung. Buße ist keine taktische Tat zur Gewinnung der Gunst Gottes, sondern eine Einstelllung: zu sich selbst, zu anderen, zur Natur und – damit untrennbar verbunden – zu Gott. Diese Einstellung hat nichts mit asketisch-sauertöpfischem Knäckebrotprotestantismus zu tun. Ganz im Gegenteil!

Ich gebe allerdings zu: Das alte Wort »Buße« ist so negativ besetzt, dass es kaum noch eine Chance hat, um seinen guten Inhalt nachvollziehbar zu interpretieren. Vielleicht hilft ein neues Wort. Auch mein Ersatzvorschlag klingt altertümlich, aber etwas fremd darf ja eine Anti-Zeitgeist-Haltung schon lauten. Mein Alternativwort zur Buße lautet: Ehrfurcht.

Statt langer theologischer Definition, was ich mit »Ehrfurcht« meine und was ich damit auf keinen Fall meine, erzähle ich lieber von Brigitte und Horst. Sie sind ein befreundetes älteres Ehepaar und wohnen in der Altstadt von Buxtehude, fast im Schatten der ehrwürdigen St. Petri-Kirche. Meine Frau und mich verbindet mit ihnen eine kochende Leidenschaft. Gemeinsam etwas zu brutzeln und es dann miteinander zu genießen: Das ist immer ein Highlight, das wir uns leider nur drei- bis viermal im Jahr gönnen.

Vorfreude ist bekanntlich die schönste Freude, und mit ihr fängt auch die Ehrfurcht an. Und Ehrfurcht äußert sich in Respekt. Zunächst einigen wir uns immer auf ein Rezept, was wir schon lange einmal kochen wollten. Nehmen wir als Beispiel eine geschmorte Lammkeule (an dieser Stelle bitte ich alle Vegetarier, Veganer, Fallobstianer und Siebenwochenohnianer um gnädiges Durchhaltevermögen). Dann geht es los mit der Recherche per Internet und mit Tipps von unseren frischen Wochenmarktbeschickern: Wo gibt es die besten Bio-Lämmer an der Elbe? Wer hat Rosmarin im Garten? Welchen Balsamico wählen wir – 8 oder 12 Jahre alt? Wie kommen wir an frische Pappardelle? Oder lieber doch Kartoffeln? Dann aber Bamberger Hörnchen! Und Oliven sind nicht gleich Oliven; es sollten schon Kalamata sein. Über den rechten Wein können wir täglich neue Mails austauschen, bis wir den geeignetsten gefunden haben.

Beim Planen stellen wir immer wieder fest: Was für eine Auswahl haben wir vor uns! Dabei sind die besten Zutaten gar nicht mal die teuersten. Man muss nur suchen. Und so suchen wir mit Vorfreude, in der Ehrfurcht (und Respekt) mitschwingt. Ehrfurcht vor dem Gemüse (man kann vor einer guten Kartoffel fast schon niederknien), vor schmackhaftem Olivenöl, vor Pasta und ehemals glücklichen Lämmern. Einfach nur kaufen, kochen und kauen ist ehrfurchtslos. Zu wissen, was man da an schönen Erzeugnissen zubereitet: Das ist eine Lebenseinstellung voll Ehrfurcht. Übrigens: Es muss nicht immer Kaviar sein; ein frisches Baguette, ein Stück Käse und ein einfacher italienischer Landwein machen aus dem Stadtbalkon am Sommerabend einen regelrechten Urlaubsort. Savoir vivre – sagen die Franzosen, auf deutsch: verstehen, zu leben. Das ist für mich ein Ausdruck von Ehrfurcht. Wenn man dann noch das gemeinsam zubereitete Essen mit Freunden teilt, wie schön ist das doch. Und ganz und gar nicht selbstverständlich. Und dieses einfache und doch gleichzeitig außerordentliche Geschehen bewusst zu genießen: Das ist Ehrfurcht. Das ist positive Buße als Lebenshaltung. In diesem Sinne: Prost und Guten Appetit.

Rezept für geschmorte Lammkeule á la Buxtehude (für 4 Personen)

800 g Bio-Lammkeule
(vom Schlachter »entbeinen« lassen)
zwei Zweige frischer Rosmarin
(nach Geschmack auch Thymian)
Zwiebeln und Knoblauch
3-4 Sardellenfilets
grüne kernlose Kalamata-Oliven
300 ml Rinderbrühe
200 ml trockener Rotwein
(am besten den, den es auch zum Essen gibt)
3 EL Balsamico
(am besten ein 8jähriger oder noch älterer;
Balsamicocreme geht zur Not auch)

Lammkeule in große Stücke teilen (pro Esser ein Stück) und mit Salz und Pfeffer würzen. Anbraten in Olivenöl und Rosmarinzweige ganz (oder Nadeln gehackt) dazugeben. Fleisch im vorgeheizten Backofen (120 Grad) 20 min garen. Zwiebeln und Knoblauch (Menge nach Geschmack), Oliven und Sardellen kleinschneiden und im selben Bräter mit dem darin verbliebenen Rest-Öl (es handelt sich hierbei nicht um Altöl!) anbraten. 1 EL

Tomatenmark dazu, anrösten, mit Brühe und Rotwein ablöschen, ca. 20 min einkochen lassen; zum Schluss Balsamico dazugeben. Abschmecken. Fertig. Mit Pasta oder Kartoffeln servieren.

So schön schmeckt alles mit Ehrfurcht! Also: Tut Buße – und ran an den Herd. Das Bügeln kann warten.

ABENDMAHL
oder
OPPENHEIMER KRÖTENBRUNNEN

»Heute Abend umweht Dich der kalte Wind der Volkskirche!« Also sprach zu mir nicht Zarathustra, sondern
mein Vikariatsleiter. Ein solcher sorgt dafür, dass angehende Pastoren nach dem theoretischen Studium auf
den pastoralen Praxisschock sorgsam vorbereitet werden. Und der sollte nun am Abend auf mich als Windböe
zurasen. Abends fand der Abendmahlsgottesdienst am
Vortag der Konfirmation statt. Eingeladen waren die
Konfis mit ihren Famlien: Eltern, Oma, Opa, Onkel,
Tante, Fink und Star. Alle rein zum Abendmahlsgottesdienst. »Volkskirche« ist Kirchenjargon und bedeutet die Gesamtheit aller, die in der Gemeindedatei zu
finden sind. Also nicht nur die, die öfter in den Gottesdienst gehen oder im Chor mitsingen, sondern auch
diejenigen, die nur am Heiligabend oder zur eigenen
Trauung in die Kirche kommen.

Doch was war das nun mit dem »kalten Hauch«?
Statt ein laues Lüftchen nahm ich einen lauten Sturm
beim Eintreten wahr. 30 Minuten vor dem Gottesdienst
war die Kirche voll und gefüllt mit einem Geräuschpegel
wie auf dem Hauptbahnhof Hannover zu EXPO-Zeiten.
Laute Rufe erschallten durch den Kirchenraum: »Hey,
Manuela, hier ist noch frei!« »Wer hat noch einen Liederzettel für mich?« »Philipp! Man popelt nicht in der
Nase in der Kirche!« Feierliche Stimmung ist nicht gerade verbreitet. Es fühlt sich eher an wie im Klassen-
raum einer Grundschulklasse in der 3. Stunde, bevor es
gleich in die Sommerferien geht. Aufregung pur.

Endlich geht es los. Die mächtige Orgel zieht alle Register wie beim Airbus 380. Die Gemeinde schweigt sicherheitshalber, als würden sie nach dem Sitzgurt suchen. Die Spannung hält, die Begrüßung ist kurz und knapp, sogar beim Danke-Lied sind alle – nolens volens – mit leiser Stimme dabei. Die Predigt ist launig und kurzweilig, zudem werden Dias von der Konfirmandenzeit gezeigt. Der Mensch ist eben ein visuelles Wesen; wenn er was zu gucken bekommt, dann schaut er hin und vergisst zu reden.

Dann geht es zum Abendmahl. Bei 400 Besuchern in der Kirche kann das Abendmahl schon mal in Gänze 25 Minuten dauern. Auch mit Orgelspiel im Hintergrund steigt der Geräuschpegel wieder an. Wer nicht gerade vor dem Altar steht, diskutiert noch mal lautstark die wichtigen Fragen mit der Familie: »Müssen wir nochmal in den Supermarkt?« »Reichen die Servietten?« »Wir sollten noch die Gläser polieren!«

Die Abendmahlsgäste sind zwar nicht am Reden, aber kommentieren tun sie doch auch gerne. Unvergessen ist die Mutter, die die gereichte Oblate erst einmal mit strengem Blick von beiden Seiten begutachtete. Vielleicht suchte sie die Liste mit den Zusatzstoffen und E-Nummern. Oder spähte sie nach dem Mindesthaltbarkeitsdatum? Das muss doch schließlich auf allen Lebensmitteln draufgedruckt sein. Nachdrücklich bleibt auch ein Vater im Gedächtnis. Nach dem Schluck aus dem Abendmahlskelch blickte er etwas versonnen, bevor er sagte: »Oppenheimer Krötenbrunnen. Eindeutig!« Das nenne ich mal einen trockenen Abgang.

Zugegeben: Solche Bemerkungen tun mir durchaus weh. Ich empfinde das Abendmahl als ein wirklich beeindruckendes Geschehen. Wenn man die Geschichte zum Abendmahl im Neuen Testament nachliest, merkt man die besondere Dynamik. Jesus hat mit seinen Jüngern Jerusalem erreicht. Sie feiern das Passahfest. Jesus weiß, dass die religiösen Institutionen nach einer Möglichkeit suchen, um ihn (mund)tot zu machen. Ein religiöser Aufrührer; den kann man nun wirklich nicht in dem von den Römern besetzten Land gebrauchen. Jesus ahnt seine Verhaftung und Verurteilung voraus. Werden auch seine Jünger angeklagt werden? Das ist anzunehmen; schließlich könnte ja einer von ihnen weiter agitieren. Im Nachtlager des Gartens Gethsemane kommt es dann zur Eskalation. Die Soldaten greifen zu. Jesus schlägt ihnen vor: Nehmt mich, aber lasst die da gehen! Der Klassiker: Einer für alle! Die Soldaten freuen sich über die schnelle, gewaltlose Gefangennahme. Und so geht Jesus in Haft, Prozess und Tod: Und seine Jünger sind frei. In der Feier vom Abendmahl hat Jesus das symbolisch ausgedrückt: das gebrochene Brot – mein gebrochener Leib, mein zerbrochenes Leben für eure Freiheit. Der verschenkte Wein – mein vergossenes Blut, mein vergossenes Leben für euer Weiterleben.

Nach dem Schock der Gefangennahme und Kreuzigung haben die Jünger nach Ostern diese Feier wieder erinnert und weitererzählt. So machen wir es bis heute. Da wir als Christen uns in der Nachfolge der Jünger wissen, dürfen wir sagen: Wären wir damals in Jerusalem gewesen, hätte Jesus auch für uns, für jeden einzelnen von uns, seine Entscheidung getroffen: Ich gehe in den Tod, damit du frei bist und weiter leben kannst. Ein größeres Geschenk gibt es nicht. Ein größeres »Opfer« kann keiner für einen anderen bringen als sein eigenes Leben – für mich, für dich.

Nach meiner Erfahrung des »kalten Windes« erzähle ich bis heute vor jedem Abendmahl die Ursprungsgeschichte von Jesus und den Jüngern. Ich erlebe, dass kirchenferne Menschen die Feier dann mit einem erweiterten Bewusstsein wahrnehmen. »Kommentare« über den Oblatenaufdruck und die Weinqualität habe ich zumindest nicht mehr erlebt.

Am liebsten würde ich ab und zu mit den erwachsenen Gottesdienstbesuchern eine Aktion machen, die ich mit den Konfirmanden jedes Jahrgangs durchführe. Wir setzen uns für eine Stunde vor den Altar. Ich erzähle die Abendmahlsgeschichte. Dabei habe ich alles mit, was zum Abendmahl dazu gehört: Kerzen, großer Kelch, kleine Einzelkelche, Oblaten, Oblatenteller, das Fläschchen mit reinem Alkohol zum Desinfizieren, die weißen Tücher. Konfis sind normalerweise immer etwas unruhig. Aber diese Stunde ist wirklich eine spannende Entdeckungsreise in eine alte Geschichte, die mit jedem Abendmahl wieder erlebbar wird. Alles darf und wird angefasst, begutachtet. Alle Fragen können gestellt werden. Und sie werden gestellt, mit großem Ernst, selbst wenn manche Fragen komisch klingen: Was mache ich, wenn die Oblate herunterfällt? Wie viele Schlucke darf man denn trinken? Gibt es immer nur Wein oder auch Saft – und wann wird das gesagt? Darf man die Oblate in den Wein auch eintauchen? Mein kleiner Bruder ist erst fünf Jahre alt, darf der dann auch mitmachen? Die Fragestunde vergeht wie im Flug. Und wenn die Konfis dann am Abendmahl teilnehmen, schauen die Eltern, wenn sie denn dabei sind, erstaunt, wie (selbst)sicher ihre Kinder damit umgehen. Wir alle sind eingeladen – zu einem Fest der Freiheit, mit Kraft zum Weiterleben. Egal, was man auf dem

Kerbholz hat: Jesus hat selbst Judas, seinen Verräter, nicht von der Feier ausgeschlossen. Alle sind eingeladen. Und Jesus – so glauben wir – ist mitten unter uns mit seinem Geist, der Gemeinschaft stiftet. So reichen wir uns – in meiner Kirchengemeinde – am Ende des Abendmahls zum Segen die Hände. Junge und Alte, Kirchgänger und distanzierte Volkskirchler. Alle sind dabei und alle sind gemeint, wenn Jesus sagt: »Ich bin der Weinstock und ihr seid die Reben. Wer in mir bleibt und ich in ihm, der bringt viel Frucht.«

KARFREITAG
oder
»HÄNGT IHN HÖHER«

....

4. April 1980 in Oxford. Um mein Englisch für den gleichnamigen Leistungskurs etwas aufzupolieren, machte ich mit meinem Schulfreund Marc eine zweiwöchige Tour durch Britannien in den Osterferien. Das Geld reichte für eine allereinfachste Fährüberfahrt, Youth Hostels und Fortkommen per Trampen. Dabei haben wir das volle Programm erlebt: Mitfahrgelegenheiten vom (gefüllten) Schaftransporter bis hin zum noblen Jaguar. Freundliche Ladies, die uns von der Straße weg zum Morning Tea mit Scones oder Porc Pie einluden; derbe Straßenbauarbeiter, die uns in diversen Pubs mit Guiness und Irish Stew abfüllten; sehr offenherzige Studentinnen aus San Franzisco, die einem endgültig halfen, die Pubertät hinter sich zu lassen. Kurzum: Wir haben England mit allen Sinnen genossen; warmer Regen inklusive.

Schließlich erreichten wir gegen Ende der Reise das altehrwürdige Oxford. Beeindruckende Colleges mit Hausmeistern unter Bowler Hats, mittelalterliche Straßenzüge und Kirchengebäude an jeder Ecke. Vor ihnen standen große Schilder und luden zum »Good Friday« ein. Oder zum »Holy Friday«, »Great Friday« sowie zum »Black Friday«. Ein schneller Blick in den mitgeführten deutschen Kalender klärte den englischen Wortnebel erhellend auf: Alle diese »Fridays« bezeichnen den »Karfreitag«. In Deutschland gibt es nur diesen einen Namen; und ausgerechnet die erste Silbe findet man auch in England. Dort gibt es noch das Verb »to care«: sich kümmern, sorgen, bekümmert sein. Davon kommt unsere Vorsilbe zum nämlichen Freitag. Kar-Freitag, der Sorgen-Freitag: Wir sorgen uns und sind bekümmert mit dem sterbenden Jesus, der an jenem Tag am Kreuz auf dem Golgatha-Berg vor Jerusalem sterben musste.

In jugendlicher Neugier besuchte ich einen Gottesdienst, nicht wissend, dass er ca. drei Stunden dauern sollte. Was macht man nicht alles für eine gute Abiturnote. Ich erlebte ungezählte Lesungen (dazu steht man – wie bei uns – auf); ungezählte Lieder (man steht schon wieder auf); eine Predigt (man darf sitzen bleiben) und Gebete (»Please stand up again«). Die gotische Kirche, deren Namen ich mir nicht gemerkt habe, war proppenvoll. Somit war die gesamte Atmosphäre mehr als beeindruckend. Es war für mich wirklich ein »good Friday«, wozu der strahlend blaue Himmel draußen das Seinige beigetragen hat.

Wenn das Boris erlebt hätte. Mein Freund Boris war nämlich felsenfest davon überzeugt, dass es am Karfreitag immer schlechtes Wetter gäbe. »Wenn Jesus stirbt, dann weint der Himmel«, sagte seine Oma. Aber im Gegensatz zu meiner Oma hatte Boris' Oma nicht immer Recht. Nicht nur 1980 habe ich frühlingsfrohe Karfreitagswetter erlebt.

Wenn ich jedoch an meine Oma und frühere Zeiten denke, dann fallen mir einige erhebliche Unterschiede zu der Weise auf, wie man diesen Tag nicht nur zuhause, sondern im ganzen Land begangen hat.

Zunächst: Der Tag hatte eine besondere Stimmung. Im Radio, das bei uns jeden Tag und den ganzen Tag in der Küche dudelte, gab es nur ernste Musik. Auch Witze waren nicht zu hören. Während ich sonst mit Opa immer gerne Karten oder Würfel spielte, so war das an diesem Tag tabu. »Heute spielt man nicht«, hieß es. »Auch nicht draußen!« Die Begründung kam kurz und knapp wie eine Selbstverständlichkeit: »Heute ist doch Jesus gestorben.« Das leuchtete mir schon als kleiner Junge ein. Wenn jemand gestorben ist, dann lacht man nicht, und laut spielen geht man auch nicht. Das Fernsehen bot auch keine Alternative. Zum einen war der Fernsehkonsum Mitte der 60er Jahre eher ein seltenes Vergnügen für Kinder. Höchstens am Sonntagnachmittag gab es vielleicht mal »Winnetou« oder »Die kleinen Strolche«. Aber am Karfreitag blieb die Flimmerkiste aus. Mama und Papa gingen nachmittags spazieren; Oma machte die Küche (nur die Wäsche nicht, das war auch verboten!). Opa bastelte und reparierte irgendwelchen Kleinkram (war erlaubt); nur sein übliches zweites Frühstück um 10.30 Uhr mit Becks Bier und kleingeschnittenem Schinkenspeck entfiel ebenfalls (wohl auch verboten). Mir blieben vor lauter Langeweile nur meine Mickey-Maus-Hefte, meine Matchbox-Autos sowie die von Mama in's Spiel gebrachte Option, mein Zimmer aufzuräumen. Aber ich dachte mir, das passt nun auch nicht zu so einem traurigen Tag.

Das Dorf und das ganze Land schienen ebenso zu trauern. Der freitägliche Tanzabend fiel aus; ebenso der ewige Preisskat; auch die Kegelbahn war geschlossen. Für einen Tag hält das Leben den Atem an. Trotz aller kindlichen Langeweile war das sehr eindrücklich für mich. Dass Jesus ein besonderer Typ gewesen sein musste, das war für mich deutlich zu sehen und zu fühlen.

Heute ist das – as time goes by – anders. Die Radiosender sind so fröhlich (bis doof) wie immer; im Fernsehen laufen so genannte »Blockbuster«; d.h. berühmte Filme, die man allerdings schon mitsprechen kann, so oft werden sie gezeigt. Karfreitag ist ein geeigneter Tag für Filme wie »Stirb langsam«, »Hängt ihn höher«, »Spiel mir das Lied vom Tod« oder »Vier Fäuste für ein Halleluja«.

Ich schaue auch gern Fernsehen; doch zu bestimmten Tagen könnte das Programm dann vielleicht doch ein wenig angepasster sein. Denn das Bedenken des Todestages Jesu führt bei vielen Menschen zum Nachdenken (bzw. Nachtrauern) über eigene erlebte Todesfälle in der Familie oder im Freundeskreis. Der Gang zum Friedhof ist deshalb bei vielen noch ein Ritual am Karfreitag. Warum nicht einmal andere Filme zeigen, die ein wenig ruhiger, Mut machender und lebensbejahender sind? Ich weiß: Die kann man sich ausleihen oder »runterladen«. Aber dass die Mediengesellschaft über Radio und Fernsehen einmal im Jahr nur für einem Tag anders »tickt«, das finde ich zumindest bedenkenswert.

Karfreitag gehe ich in die Kirche, nicht nur, wenn ich als Pastor »Dienst« habe. Auch in der evangelischen Konfession sind die Gottesdienste an diesem Tag etwas Besonderes. Auf dem Altar sieht man keinerlei Schmuck: weder Blumen noch Kerzen, kein Tischtuch und keine Bibel. Alles ist karg. Im Angesicht des Todes wirkt jegliche Verzierung überflüssig. Auch das volle Glockengeläut fehlt; in manchen Kirchen schweigt sogar die Orgel.

Alles ist auf das Äußerste reduziert. Auf's Minimum eben. Psalmgebet und Lesung, Predigt und Vaterunser. Kein Abendmahl (was in einigen evangelischen Kirchengemeinden für äußersten Unmut bei der Gemeinde führt, denn früher war das *der* klassische Abendmahlsgottesdienst – neben Buß- und Bettag). Heutzutage verzichten viele Gemeinden auf das Abendmahl, zumal es bereits am Abend davor, am Gründonnerstag, ausgeteilt wurde. Und übermorgen, am Ostersonntag, gibt's auch wieder die große Feier. Nun aber, am Karfreitag, ruht alles, sogar die öffentliche Frömmigkeit. Für manche fromme Seele ist das schwer auszuhalten. Wahrlich ein »black Friday«. Aber es macht Sinn. Manchmal braucht man eben das Dunkle, um das Helle besser erkennen zu können. Wer den Tod zu würdigen weiß, freut sich erst recht auf's Leben.

BEERDIGUNG
oder
SZENENWECHSEL

Nichts ist so sicher wie der eigene Tod. Nichts ist so unsicher wie der eigene Todestermin. Der steht einfach nicht im Kalender. Er kommt plötzlich und unerwartet oder nach langer Krankheit. Wir empfinden ihn als grausam oder als erlösend: den Tod der anderen. Von einem Verstorbenen rituell Abschied zu nehmen, das liegt uns Menschen in den Genen. Der Mensch unterscheidet sich seit seinem Auftreten vom Primaten u.a. dadurch, dass er seine Toten rituell bestattet. Grabbeigaben vom Schmuck bis hin zum Werkzeug für eine (wie auch immer vorgestellte) Zukunft nach dem Tod oder rituelles Schminken belegen diesen Sachverhalt sogar archäologisch. Der Akt der Beerdigung steht für einen öffentlich vollzogenen Szenenwechsel. Auf der Bühne des Lebens ist eine Rolle zu Ende gespielt. Licht aus. Vorhang zu. Eine neue Szene entsteht. Aber welche? Und wie wird der Wechsel inszeniert? Da jeder Mensch (so ein griechischer Philosoph) eine eigene Welt für sich ist, sehen auch die Beerdigungsinszenierungen jeweils unterschiedlich aus. Für den Szenenwechsel, der in der Beerdigung von Angehörigen und Freunden dargestellt wird, ist jeder ein Regisseur. Die Drehbücher sind mannigfaltig.

Szenenwechsel: Eleanor Rigby

»Keine Trauerfeier gewünscht. Die Familie kommt nicht mal zur Beerdigung.« Der Bestatter am Telefon hatte eine eisig-traurige Stimme. »Das gibt's doch nicht«, meine ich. »Was werden denn für Gründe genannt?«

»Der Sohn will nichts mit dem Tod zu tun haben; seine verstorbene Mutter soll gleich vom Krankenhaus auf den Friedhof zur Beerdigung. Die Mutter war in der Kirche, der Sohn nicht, ihm sagt die Kirche gar nichts, auf den Trost – Zitat – kann er pfeifen. Und ein Redner ist ihm zu teuer; da Mutter in der Kirche war, ist ja der Pastor gratis. Das Grab hat die Mutter vor wenigen Jahren zur Bestattung ihres Mannes gekauft; auch die Grabpflege für die nächsten 20 Jahre geregelt.« »Spielt Geldnot eine Rolle?«, frage ich. Der Bestatter lacht. »Nein, der Sohn ist Chef einer großen Hamburger Anwaltskanzlei. Da spielt Geld keine Rolex! Übrigens: Jeglichen Telefonkontakt vom Pastor hat er sich ausdrücklich verbeten! Das soll ich dem Pastor sagen. Vorsicht: Der Typ ist Anwalt.« Also machen der Bestatter und ich alleine einen Bestattungstermin aus.

Als ich auf dem Friedhof erscheine, sind auch schon die Sargträger am Leichenwagen. Die Träger sind sauer. »So beerdigt man nicht mal seinen Hund; und das ist doch die eigene Mutter. Möchte der Sohn vielleicht auch so verscharrt werden?« »Nun«, versuche ich zu beruhigen (obwohl ich mehr traurig als sauer bin), »wir sind ja da. Wir geben der Frau nun die letzte Ehre.« Der Sarg wird zur Gruft getragen. Der Bestatter hat von sich aus eine Kerze und einen kleinen Blumenstrauß dabei. Ich lese den Anfang vom Psalm 139 und bete das Vaterunser. Die Träger beten mit. Dann setzen wir die alte Dame bei. Auch die Träger werfen Erde nach. Dann gehen wir wieder zurück. Mir fällt die letzte Strophe eines Liedes der Beatles ein: *Eleanor Rigby, died in the church and was buried along with her name. Nobody came. Father McKenzie, wiping the dirt from his hands, as he walks from the grave. No one was saved.*

Szenenwechsel: Wie schön, dass Du geboren bist.
Mein fünfjähriger Sohn Christopher und ich spielen Fußball im Pfarrgarten. Ein schöner Sommernachmittag ist heute. Kaffee und Kuchen stehen bereit. Kein Termin im Kalender. Das Leben ist schön – auch mitten in der Woche. Das Telefon klingelt. Naja, Urlaub habe ich nicht, also gehe ich ran. Ich höre die Stimme eines jungen Mannes. »Guten Tag, Pastor Schlicht, ich bin der Andreas aus dem Nachbarort. Erinnern Sie sich, vor zwei Monaten haben Sie Biggy und mich getraut.« Na klar. Diese Trauung kann ich kaum vergessen. Biggy und Andreas waren das ökologische Brautpaar par excellence. Die ganze Kirche hatten sie mit riesigen Grünpflanzen aus ihrer Wohnung dekoriert. Es sah aus wie im Dschungel. Sie hatten schon zwei kleine Kinder, und die spielten während der Trauung Tarzan und Jane zwischen den Bäumen. Das dritte Kind war schon unterwegs; statt Hochzeitskleid trug die Braut einen sehr weiten Wickelrock. »Die Trauung habe ich nicht vergessen«, sagte ich lustig. Auf einmal kippt die Stimmung. Andreas sagt ernst: »Kommen Sie schnell ins Krankenhaus. Bei der Hausgeburt gab es Komplikationen. Im Krankenhaus ist unsere Tochter zur Welt gekommen, aber sie können keine Hirnströme messen. Wenn in 72 Stunden immer noch nichts messbar ist, gilt sie als tot. Die künstliche Beatmung wird dann abgestellt. Jetzt ist sie noch da. Kommen Sie bitte gleich und taufen unser Kind.«

Das sind Situationen und Gefühle, die kaum zu beschreiben sind. Ich hatte das Gefühl, von einem Moment auf den anderen auf Watte zu gehen; als sähe ich die Welt wie hinter einem dicken Glas. Meinem Sohn sagte ich, dass wir nachher weiterspielen würden. Ich müsse schnell ins Krankenhaus, da geht es einer Familie ganz schlecht. Dann zog ich meinen schwarzen Anzug an, fast wie einen Schutzanzug. Ich griff die Bibel und eine Taufkerze und fuhr in die Stadt. Ich parkte vor der Einfahrt des Krankenhauses, warf den Autoschlüssel der Frau an der Information zu und sagte: »Notfall. Dringend. Fahren Sie bitte das Auto weg. Ich bin Pastor Schlicht. Es geht um eine Nottaufe. Wo geht es zur Entbindungsstation?« Die Frau wusste offenbar schon Bescheid und führte mich persönlich dorthin. Mit Blick auf die Taufkerze sagte sie: »Die dürfen sie aber nicht anzünden; das Baby wird mit Sauerstoff versorgt.« Sie versuchte zu lächeln; ich auch. Dann stand ich vor der Tür. Ich schluckte und klopfte. »Herein«, hörte ich Kinderstimmen. Ich öffnete und sah ein Bild vor mir, das ich nie wieder vergessen werde.

Da war sie: die heilige Familie. Die Mutter im Bett, auf ihrem Arm das kleine Kind. Der Vater saß am Kopfende; die beiden kleinen Geschwisterkinder saßen neben dem Bett auf dem Fußboden und malten mit Buntstiften Blumen – und Sonnenbilder. »Für Kati, unsere kleine Schwester«, sagte die ältere der beiden. Die Eltern lächelten. Die Mutter blickte auf ihr Baby, sah mich an und sagte: »Schauen Sie nur. Gott hat uns einen Engel geschenkt, aber ich glaube, er will ihn wieder zurück haben.« Ich konnte nichts sagen. Dieser Satz der Mutter hatte alles gesagt. Nicht grauenvoll, sondern glaubensvoll. Die Eltern erzählten dann nur kurz von den Komplikationen und wie sehr sie sich die Taufe wünschten. So habe ich dann das Mädchen getauft; die Krankenschwester, die mit im Zimmer war, bot sich sofort als Patentante an. Die Kerze stand dann unangezündet auf dem Nachttisch. Nach Ablauf der 72 Stunden rief der Vater an: Kati ist tot.

Bei der Beerdigung stand lediglich ein weißer Kindersarg vor dem Altar. Als einziger Schmuck brannte die Taufkerze auf dem Sarg, der umhängt war mit den Sonnen- und Blumenbildern der Geschwister. Als Lied zur Trauerfeier (ohne Orgel, aber mit Gitarrenspiel) wünschten sich die Eltern: *»Wie schön, dass Du geboren bist, wir hätten dich sonst sehr vermisst«.*

Szenenwechsel: Lady in Red

Pastor sein – das heißt: Beerdigen. So lautete mein Fazit nach den ersten zwei Wochen als Vikar in Nienburg. Mein pastoraler Ausbilder hatte die Vertretung für einen Kollegen übernommen, d.h. seine Trauerfälle übernahm er auch und mich nahm er mit. Sowohl zu den Gesprächen als auch zu den Beerdigungen. Siebenmal in zwei Wochen. Und fast immer hat es geregnet, so dass ich schon an eine Salbe gegen Regenschirmarm dachte. Irgendwann hatte ich so viele Trauergespräche und –feiern besucht, dass ich selbst »dran war«. Der Bestatter rief an und teilte mir den Tod einer 80jährigen Frau mit. Ich erhielt die Telefonnummer der hinterbliebenen Tochter und machte mit ihr am nächsten Tag einen Trauerbesuch bei ihr zuhause ab. Im schwarzen Anzug klingelte ich an der Tür und sie öffnete: in einem leuchtend roten, knöchellangen, enggeschnittenen Abendkleid. Mit Kette, Armreif und Hochsteckfrisur. Mein erster Gedanke: Die will gleich noch in's Theater. Aber nein, davon sagte sie nichts zur Begrüßung. Sie bot mir einen Platz im Wohnzimmer an. Ich käme ihr doch reichlich jung vor. Ich erklärte ihr meinen Status als Pastorenanwärter, und ganz gelöst bot sie mir erst einmal ein Glas Sekt an. Die Flasche stand schon bereit. Dann fing sie an, in einem tiefenentspannten Parlando-Ton von ihrer Mutter zu erzählen. »Sie war schon alt und wurde schon tüddelig. Sie wohnte zwar im Obergeschoss, aber eigentlich lebten wir nur zufällig in einem Haus zusammen. Gesprochen haben wir manchmal tagelang nicht. Sie lebte ihr Leben und ich lebte meins. Das war ok. Ok ist es auch, dass sie nun gestorben ist. Was sollte sie noch vorhaben? Als ich Kind war, war sie erfolgreich berufstätig; ich bin eigentlich alleine groß geworden, aber ich habe es auch geschafft. Alles ist gut; also bitte: keine traurige Trauerrede. Das Leben geht weiter.« Ich stellte noch ein paar Fragen zum Leben der Mutter, aber viele Infos gab mir die Tochter nicht. Beim Abschied an der Haustür (dort werden immer die wichtigen Dinge besprochen) fragte sie mich überraschend: »Darf ich das Kuscheltier meiner Mutter am Ende mit in die Gruft werfen?« Ich erklärte, dass man so etwas machen kann, aber schöner sei es doch vielleicht, wenn sie das Kuscheltier vom Bestatter in den Sarg legen lasse. Das aber wollte sie nicht, sie würde es lieber auf dem Sarg liegen haben. So verblieben wir.

Die Friedhofskapelle in Nienburg ist äußerst klein. Vom Raum, der dem Pastor zum Umziehen dient, gelangt man gleich vor den Altar. Zuvor muss man sich allerdings zwischen Blumen, Kränzen und Kerzen wie ein Limbotänzer durchschlängeln. Der Sarg steht auch ganz dicht am Altar, sodass jeder Pastor mit Bauchansatz Berührungskontakt hat. Ich schaute über den Sarg und sah direkt dahinter: einen riesigen Plüschhasen, so wie man ihn von der Schützenfest-Losbude als Hauptgewinn der Tombola kennt. Über einen Meter groß mit Schlappohren; so groß und dick, dass er offensichtlich nicht in den Einzelsarg passte. Interessanterweise war an einen seiner Ohrlöffel eine leuchtend rote Schleife gebunden; und noch interessanter war der Anblick, als hinter dem Hasenkopf der Kopf der Tochter erschien: ganz in Schwarz, aber mit tränenroten Augen. Die Trauergemeinde hinter ihr guckte ziemlich irritiert, ebenso die Sargträger, die am Ende der Feier zum Sarg schritten. Dann ging es zur Beisetzung: Sarg vorweg, dann der Bestatter, dann ich, dann Bugs Bunny, dann die Tochter samt Gemeinde im Schlepptau. Nach der Beisetzung gab ich der Tochter ein Zeichen zum Abschiednehmen. Mit dem Kuschelhasen trat sie an die Gruft. Doch anstatt ihn einfach hinabgleiten zu lassen, warf sie den großen Hoppel in die Luft, so, dass er mit einem letzten Salto und wedelnden Ohren auf den Sarg plumpste.

Auf dem Rückweg fragte ich mich die ganze Zeit, was es mit dem Hasen wohl auf sich hatte. Wollte die Tochter so die letzte Erinnerung an die Mutter mit bestatten? Oder war das ein Ausdruck, ihre Liebe und Zärtlichkeit zur Mutter zu zeigen; etwas, was sie vielleicht schon jahrelang wollte, aber wozu sie nie gekommen war? Wer weiß ... »*There's nobody here, it's just you and me.*«

Szenenwechsel: Du hast mich 1000mal belogen

Noch vor 20 Jahren stand zur musikalischen Begleitung einer Trauerfeier lediglich das Gesangbuch zur Verfügung. Ausnahmen gab es nur, wenn ein Chor sang, ein Stehgeiger engagiert war, die Flötengruppe spielte oder der Posaunenchor blies. Heute ist in jeder Trauerkapelle eine ordentliche HiFi-Anlage zu finden, mit der man Musik von CD oder USB-Stick einspielen kann. Dem musikalischen Geschmack sind keine Grenzen gesetzt, es sei denn (was tatsächlich vorkommt), ein Pastor lehnt als Leiter der Trauerfeier bestimmte Musikstücke ab. Häufig gewünscht werden Titel wie »Time to say goodbye« vom blinden Bocelli oder »Abschied ist ein scharfes Schwert« von Roger Whittacker. »Merci Cherie« von Udo Jürgens wird seltener gewünscht ebenso wie »Highway to hell« von AC/DC (als alter St. Pauli-Fan hätte ich »Hells bells« vorgezogen). Wenn mir jemand im Trauergespräch besondere Liedwünsche per CD nennt, frage ich immer nach dem Grund. War es ein Lieblingsstück des Verstorbenen oder der Hinterbliebenen? Verbinden die Angehörigen mit dem Lied vielleicht ein besonderes Ereignis? Kann ja sein. Wenn ich »Nessun dorma« von Pavarotti höre, denke ich immer an einen zauberhaften linden Sommerabend mit meiner Frau an der Moldau neben der Karlsbrücke in Prag, an dem wir das Lied unter den Bäumen eines Restaurants hörten.

Die Witwe, die vor mir saß, hatte auch einen besonderen Wunsch. »Nach der Predigt möchte ich, dass ein Lied von Andrea Berg gespielt wird: *Du hast mich 1000mal belogen*.« »Upps«, dachte ich. »Interessant«, sagte ich. »Gibt es da einen bestimmten Grund?« Das sei nun mal ihr Lieblingslied, meinte die Witwe. Ich versuchte vorsichtig und mit aller Sensibilität darauf hinzuweisen, dass man dieses Lied mit dieser Titelzeile auch leicht missverstehen kann. »Wieso?«, fragte sie. »Naja«, sagte ich, »für Ihren verstorbenen Mann singt Andrea: Du (!) hast mich (!) 1000mal (!) belogen (!). Das hat doch ihr Mann nicht getan, oder?« Die Witwe reagierte unwirsch. »Ach, Sie als Pastor interpretieren da Dinge rein, auf die sonst keiner kommt.« Nun gut. Und so kam es, wie es kommen musste.

Die Predigt war vorbei und ich sagte – unter geflissentlicher Vermeidung des Liedtitels – ein Lieblingslied der Witwe an. Schon nach den ersten Takten war der Gemeinde klar, was nun kommen würde. Und als das

»1000mal belogen« ertönte, sah ich doch einige verstörte Gesichter; tuschelnde Ohr-zu-Ohr-Gespräche und so manches breite Lächeln. Ich tröste mich heute noch mit dem Gedanken, dass die Witwe weniger den Refrain als die zweite Strophe im Sinn hatte. Die ist doch immer wieder bewegend, wenn Andrea singt: *Suche deine Hand, such nach dir. Manchmal in der Nacht fehlst du mir. Wer nimmt mich wie du in den Arm? Wem erzähl ich dann meinen Traum?*

Szenenwechsel: Waldeslust

Bestattungen im Friedwald sind »mega-in«. Was vor drei Jahrzehnten langsam aufkam, ist heute zu einem nennenswerten Bestandteil der Trauerkultur geworden. Gründe für eine Bestattung im Friedwald sind vielfältig. »Mein Mann und ich lieben so sehr die Natur. Wir sind am liebsten in Wäldern spazieren gegangen.« »Der Mensch ist doch auch ein Stück der Schöpfung, hier wird das so schön deutlich.« »Man spart Grabstein und Grabpflege!«

Der Friedwald hat aber auch seine Tücken. So findet man in großen Waldanlagen zumeist den Bestattungsbaum niemals wieder; selbst wenn eine kleine Plakette mit dem Namen am Stamm hängt. Der ganze Wald wird so zu einem Ort der trauernden Erinnerung; einen bestimmten Platz kann man später nur schwer identifizieren.

Geradezu dramatisch wird es im Friedwald, wenn das Wetter bei der Trauerfeier nicht mitspielt. Bei drohendem Sturm oder Gewitter darf (und muss) der Förster sogar die ganze Beerdigung absagen und auf einen gefahrloseren Termin verschieben. Da gibt es keine Diskussion. Sicherheit für die lebenden Hinterbliebenen geht vor. Doch selbst, wenn es nicht blitzt und kracht, können Wetterkapriolen den Friedwald zu einer feindlichen Landschaft werden lassen. So fand dort eine Trauerfeier nach zwei Wochen Dauerregen im Herbst statt. Beim Trauergespräch habe ich noch darauf hingewiesen, dass der Waldboden mit feuchten Blättern, Matsch und Pfützen nur so übersät sein kann. Festes Schuhwerk, ja eventuell Gummistiefel von Romika könnten hilfreich sein. »Naja«, meinte die Witwe, »so schlimm wird es ja wohl nicht kommen.« Aber es kam noch viel schlimmer. Die Witwe trug zwar festes Schuhwerk, ihre Tochter aus Frankfurt dagegen kam mit hochhackigen Abendschuhen. Flüsternd sprach ich sie vor der Trauerfeier im Wald auf dem Parkplatz an. »Das wird schon gehen«, meinte sie. Und sie ging. Und es ging schief. Sowas von schief.

Die Hauptwege auf dem Friedwald sind ja noch gut begehbar. Dann aber geht man irgendwann querwaldein. Ohne Weg oder Trampelpfad müssen dann alle durch die Walachei stapfen. Förster und Pastor gehen vorweg; der Förster weiß als einziger den rechten Weg. Dann auf einmal ein lauter Ruf von hinten: »Halt, bitte anhalten.« Die Tochter aus Frankfurt stand einbeinig wie ein Flamingo neben einer Matschlache, in der soeben einer ihrer High Heels versunken war. Ihren Fuß konnte sie gerade noch herausziehen. Ihr Mann mühte sich redlich, den schicken Schuh aus dem Modder heraus zu klauben, was schließlich unter großem Dreckaufwand gelang. Dann wurden sämtliche Tempo-Taschentücher der Trauergemeinde angefordert, um den Schuh wieder gängig zu machen. Für ca. 25 Meter, dann versank die Dame erneut, nun mit beiden Schuhen. Sie fing an zu weinen, nicht aus Trauer, sondern aus Wut.

»Warum hat mir das keiner gesagt, was das hier für ein Sch...gelände ist.« Ich habe ihr das zwar gesagt, aber ich hielt es für besser, lieber zu schweigen. Die Witwe guckte mich hilfesuchend an. Der Förster wandte sich lächelnd ab. Ich schlug der High-Heel-Tochter vor, lieber hier zu warten; sie würde uns ja immerhin noch sehen und vielleicht sogar hören. Aber die letzten 100 Meter wären vom Bodenzustand her nicht besser. »Nein«, fauchte sie (sie erinnerte sich jetzt wohl an meine ursprüngliche Warnung). Mit eiserner Miene zog sie ihre – einstmals schönen – Schuhe aus dem Matsch und ging nun »unten ohne« mit ihren LaPerla-Strümpfen zur Beisetzung. Ob sie dort Zeit und Muße zum Nachdenken empfand, kann ich nicht beurteilen. Ich befürchte gar, dass der Rest der Trauergemeinde diese Friedwaldbestattung nicht mit dem Verstorbenen verbindet, sondern mit den versunkenen Schuhen.

Zum Glück gibt es in den meisten Fällen andere Erfahrungen mit Trauerfeiern im Friedwald. Ein Wald – besonders im Frühling und im Herbst – hat schon seinen eigenen Zauber. Ich denke oft an ein Wort von Hermann Hesse: »Bäume sind mir immer die liebsten Prediger gewesen.« Das stimmt, wenn man bedenkt, wie viele Jahre, Jahresringe und Erfahrungen in einem alten Baum aufgezeichnet sind. Und ein junger Baum hat noch so viele Jahreszeiten vor sich. Als Mensch fühlt man sich daneben ganz klein. Ich bekomme besonders im Wald ein Gefühl für mein Zusammensein mit der Natur und Schöpfung. Gleichzeitig empfinde ich es als ein Geschenk, diesen Zusammenhang und -klang erkennen und bedenken zu dürfen. Das können selbst die ältesten Bäume nicht. Deshalb ist es irgendwie passend, wenn wir unter den Bäumen die ältesten Texte aus der Bibel lesen.

Szenenwechsel: So nimm denn meine Hände

Ich hoffe, jetzt nicht als pastoraler Nestbeschmutzer zu gelten, wenn ich sage: Viele meiner Pastorenkollegen mögen den Choral nicht! »So nimm denn meine Hände« gilt für viele Theologen als zu romantisch, kitschig, naiv und volkstümlich. Bilder wie das Kind, das zu Gottes Füßen ruht: Das ist doch beste Projektion im Sinne Ludwig Feuerbachs! Nur »Lass mich gehen« ist da noch schlimmer mit der verheißenen »Stadt der goldnen Gassen«! Aber viele Trauernde wünschen sich »So nimm denn«. Und das hat sein gutes Recht. Deshalb singe ich es gern. Denn dieser Choral drückt in einfacher, aber zugleich bildhaft verständlicher Weise den Trost aus, den wir uns als Christen weitersagen dürfen. Sonst stünde er gar nicht im Gesangbuch.

»Das Lied ist mir das Wichtigste«, sagte mir der Sohn. Seine Mutter war nach langen Jahren des Leidens endlich eingeschlafen. »Es war eine Erlösung – für sie und für mich und meine Frau«, sagte er. »Heil werden konnte sie nicht mehr. Es war ein Abwarten bis hin zum Tod. Zum Glück war sie noch klar; sie hörte Radio und mochte es, wenn wir ihr die Lokalnachrichten der Zeitung vorlasen. Irgendwann sagte sie: Nun kann der liebe Gott mich aber auch mal holen. Ich hab keine Angst davor. Und dann ist sie irgendwann ganz ruhig für immer eingeschlafen.« »So nimm denn meine Hände«, das ist der Choral, der alles sagt. Er beschreibt den Glauben der Verstorbenen; und dieser Glaube war ihr Trost und ist jetzt der Trost für die Angehörigen. *»Wenn ich auch gleich nichts fühle von deiner Macht, du führst mich doch zum Ziele auch durch die Nacht.«*

THEODIZEE
oder
WARUM? WARUM? WARUM?

Drei Wochen Sommerurlaub auf Korfu. Ein Traum! Als Pastor? Unmöglich! Es sei denn, man arbeitet in einer großen Kirchengemeinde mit zwei Kollegen an der Seite, die lieber zu Ostern oder in den Herbstferien verreisen. So ein Glück hatte ich in der Gemeinde Bardowick. Drei Wochen Korfu waren problemlos zu organisieren und einfach herrlich. Meine drei Kinder spielten von morgens bis abends am Sandstrand, und abends genoss man stundenlang am Meer griechisches Essen in der kleinen Taverne am Meer. Doch irgendwann ist jeder Urlaub vorbei. Ankunft in Deutschland am Samstag nachmittag; und am darauf folgenden Sonntag gleich wieder Gottesdienst im Bardowicker Dom. Da der Ankunftstag daheim aber immer mit Koffer auspacken und Wäsche waschen voll belegt ist, habe ich die Sonntagspredigt bereits in der letzten Urlaubswoche geschrieben. Morgens in der Taverne im Sonnenschein mit Meeresrauschen, Schafskäse und Brot und einer Karaffe Weißwein vor mir. Predigtschreiben kann so schön sein!

Beim Auspacken der Koffer kommt die Nachbarstochter vorbei. »Hallo, schön, dass ihr wieder da seid. Habt ihr schon gehört? Vor drei Tagen ist am Dom ein Mord passiert. Ein junges Mädchen ist nach dem Diskobesuch in der Nacht vor ihrem Elternhaus erstochen worden.« Zunächst hielt ich das für einen schlechten Scherz. Ein Mord im Flecken Bardowick? Aber es war wohl wahr. »Meine Güte«, dachte ich, »da haben meine Kollegen aber einen schweren Fall zu betreuen; wohl das Schlimmste, was einem seelsorgerlich passieren kann.« Dann packte ich weiter aus und dachte nicht mehr an den tragischen Vorfall.

Am nächsten Morgen war ich bereits eine Stunde vorher im Dom. Der Küster erzählte mir die Geschichte noch einmal. Die Zeitungen seien voll von den Berichten. Motiv: unbekannt. Mörder: keine Spur weit und breit. Da klopft es plötzlich an der Tür zur Sakristei. Ich öffne, und vor mir stehen ein älteres und ein junges Ehepaar. Ganz in Schwarz gekleidet. »Guten Morgen. Wir sind Familie S. Unsere Gabi ist ermordet worden. Von der Kirche war noch keiner bei uns, deshalb kommen wir heute morgen zur Kirche.« »O weh«, dachte ich, »die Kollegen hatten vielleicht keine Zeit, um sofort zu reagieren; aber das hätte unbedingt (!) passieren müssen.« Ich erklärte den Eltern (das jüngere Paar war die Schwester mit Ehemann), dass ich erst seit gestern aus dem Urlaub zurück sei, nach dem Gottesdienst aber gern zu ihnen kommen würde. Sie bedankten sich, gingen zurück in den Dom und nahmen in der ersten Reihe Platz.

Im vollen Dom war es mucksmäuschenstill. Alle wussten ja um die Geschichte; die Eltern waren bekannt. Selbst die Konfirmanden blickten zu ihnen wie vom Donner gerührt. Ich setzte mich neben die Eltern. Das Orgelvorspiel begann und ich dachte nur: »Was soll ich bloß predigen? Meine Urlaubspredigt aus Korfu sprüht nur so von Urlaubsfröhlichkeit. Das Manuskript duftet fast noch nach Oliven und Rosmarin. Diese Predigt kann ich heute nicht halten! Aber was sage ich dann?«

Der Gottesdienst begann nach der altbekannten Liturgie. Die (lange vorher festgelegten) Sommerlieder wurden gesungen. Geh aus mein Herz und suche Freud in dieser lieben Sommerzeit. Und dann: die Predigt. Als ich die Kanzeltreppe hochstieg, habe ich wirklich ein Stoßgebet gesprochen: »Lieber Gott, hilf.« Dann stand ich auf der Kanzel. Das Ringbuch mit der Predigt blieb geschlossen.

Ich sagte: »Eigentlich wollte ich Ihnen heute eine launige Urlaubspredigt halten. Die habe ich vor einigen Tagen in Griechenland am Meer geschrieben. Nun habe ich erfahren, was hier passiert ist: der Mord am Dom. Die Familie ist hier. Ich weiß nicht, was ich nun sagen soll. So möchte ich Ihnen den Text vorlesen, über den heute, am 6. Sonntag nach Trinitatis, in allen Kirchen gepredigt wird. Er steht bei Jesaja im 43. Kapitel:

So spricht der HERR, der dich geschaffen hat:
Fürchte dich nicht, denn ich habe dich erlöst;
ich habe dich bei deinem Namen gerufen;
du bist mein!
Wenn du durch Wasser gehst,
will ich bei dir sein,
dass dich die Ströme nicht ersäufen sollen;
und wenn du in's Feuer gehst,
sollst du nicht brennen
und die Flamme soll dich nicht versengen.
Denn ich bin der HERR, dein Gott,
der Heilige Israels, dein Heiland.

Dann sagte ich nichts mehr. Mir fiel nichts ein. Diese Worte waren einfach zu stark, die Bilder zu kräftig. Tod bringendes Wasser und Feuer. Dagegen die Zusage von Gottes Schutz. Und Gabi wurde im Schatten vom Dom erstochen. Der Heilige Israels. Dein Heiland. Auch Gabis Heiland. Aber wo war er in dieser Nacht? Und wo ist er jetzt, wenn die Familie und Freunde trauern. Warum die ganze Katastrophe? Warum, warum und nochmals: WARUM?

So ungefähr waren meine Gedanken, die ich aber nicht sagte. Ich stand einfach nur da oben mit der Bibel in der Hand und konnte nichts als nur schweigen. Der Küster sagte mir später, ich hätte wohl fünf Minuten lang so dagestanden. Dann habe ich ein Gebet gesprochen, und Gott um Kraft für die Familie und uns alle gebeten. Amen. Ich setzte mich wieder zu der Familie. Die Mutter wandte sich an mich und flüsterte: »Kommen Sie doch bitte nach dem Gottesdienst mit zu uns.«

Am Ende versammelte sich fast die ganze Gemeinde draußen vor der Domtür. Die Familie wurde umarmt. Viele weinten. Später sagte mir die Familie, wie geborgen sie sich in diesem Moment vor der Tür gefühlt habe.

Dann ging ich mit der Familie zu ihrem Haus. Sie zeigten mir die Stelle an der Straße, wo der Mord passierte; die Tochter konnte sich noch zur elterlichen Haustür schleppen und klingeln. Die Eltern öffneten der sterbenden Tochter. Ein unfassbarer Moment. Ein unbeschreiblicher Schmerz, sogar noch für mich als bloßen Zuhörer.

In der nächsten Woche war ich täglich bei der Familie. Die Trauerfeier musste warten, bis der Leichnam freigegeben war. Bei unseren Treffen erzählten die Eltern und die Schwester von Gabi, aber auch von anderen Dingen. Wir aßen zusammen. Manchmal schwiegen wir auch nur. Manchmal lachten wir über irgendwelche Kleinigkeiten. Wir lasen gemeinsam Briefe, die immer mehr im Trauerhaus ankamen. Und wir planten die Trauerfeier. Zwei Ängste plagten die Eltern: einmal der Medienrummel. RTL wollte ein Interview mit einem Fernsehteam machen; auch der STERN hatte schon angerufen. Für das Interview sollte es ein gutes Honorar geben. Das alles wollten die Eltern ganz und gar nicht. Und dann die Angst: Können wir die Trauerfeier durchhalten? »Wenn ich die Mitschülerinnen von Gabi sehe«, meinte die Mutter, »dann breche ich bestimmt zusammen.« Wir verabredeten, gemeinsam in die Trauerkapelle zu gehen, sodass es kein langes, schweigendes Verweilen vor Gabis Sarg geben würde. So taten wir es denn auch.

Die Presse hatte von der Kirchengemeinde ein »Hausverbot« für das kirchliche Friedhofsgelände erhalten. Die Polizei stand deshalb an der Friedhofspforte. Das hielt die Journalisten allerdings nicht davon ab, mit langen Trittleitern und riesigen Teleobjektiven über die Friedshofshecke zu fotografieren. Das Foto mit den am Grab Abschied nehmenden Eltern mit mir an der Seite gelangte dann sogar auf die Titelseite der BILD-Zeitung. Was würden diese »Journalisten« machen, wenn sie an der Stelle der Eltern ihr eigenes, ermordetes Kind beerdigen müssten? Nach dem Abschied am Grab fragte ich die Eltern, ob sie mit mir lieber nach Hause gehen mögen. Die Trauergemeinde umfasste ca. 300 Gäste, der ganze Friedhof war voll, und eine Kondolenz würde fast eine Stunde dauern. Doch die Eltern sagten: »Wir bleiben hier.« Und so nahmen sie mit unglaublicher innerer Stärke die Anteilnahme und Beileidsbekundungen jedes Besuchers wahr, der von ihrer Tochter an der Gruft Abschied nahm.

An der Stelle, an der sich der Mord ereignet hatte, lag bereits wenige Tage nach der Tat ein kleines Gesteck. Daran war eine gedruckte Schleife befestigt, auf der nur ein einziges Wort stand: WARUM?

Wer das Gesteck dort hingelegt hat, wusste keiner. Selbst die Polizei – auf der Suche nach dem Mörder – wurde darauf aufmerksam. Jeder, der an diesem Gesteck vorbei kam, blieb für einen Moment stehen und nahm das WARUM als eigene Frage mit. Es ist die Frage der Theodizee, die immer und ewig bleiben wird. Warum ist Gabi getötet worden? Und warum hat Gott das zugelassen? Mit jeder Warum-Frage ist Gott mit im Spiel. Da kann man noch so atheistisch eingestellt sein. Die Warum-Situation lässt jeden am Sinn vom Ganzen zweifeln. Die Warum-Frage für Gabi bleibt genauso unbeantwortet wie die Warum-Frage von Jesus am Kreuz. Gott selbst stirbt in dieses unbeantwortete Warum hinein – und nur der Glaube kann drei Tage später, am Ostermorgen, eine Antwort erkennen. Dass das Leben vor Gott nicht zu Ende geht, sondern stärker ist als alle Leiderfahrung. Dass Gott selbst mitten im Leid ist. Dass er selbst bei der sterbenden Gabi gewesen ist und mit ihr gelitten hat. Und dass er sie in seine Liebe aufgehoben und mitgenommen hat. Das glauben wir Christen. Diese eine, letzte Hoffnung haben wir. Eine Hoffnung als Antwort. Mehr nicht. So ist das Leben. Das ist der Glaube.

OSTERN
DAS ROSAROTE EI

....

»Das darf doch wohl nicht wahr sein! Gottesdienst um
6 Uhr? 6 Uhr morgens? Und das am Sonntag? Am OS-
TER-Sonntag? Ja, habt Ihr denn noch alle beisammen?
Wer soll denn da kommen? Und Zeitumstellung ist in
der Nacht auch noch. Selbst wenn der Osterhase persönlich mit der Zahnfee anwesend sein sollte: Aus der
Gemeinde kommt dann doch niemand!« Wenn ich mal
ärgerlich bin, dann auch richtig, sonst lohnt es sich ja
nicht. Am meisten ärgerte ich mich über mich selbst.
Ich hatte Ostersonntag frei und war für den Ostermon-
tag-Gottesdienst vorgesehen. Da fragte mich ein alter
Kollege aus dem Nachbarort um Hilfe. Er könne dann
schon seine Kur beginnen, ich müsse ihm nur den Ostersonntag abnehmen. »Klar«, sagte ich stolz wie Hulle!
Aber dass die Show um 6 Uhr morgens losgehen würde,
das wurde mir vorher nicht gesagt.

Also quäle ich mich (mit Zeitumstellung) in allem
Herrgottsdunkel aus dem Bett, vermeide jegliche Ge-
räusche um des heimischen Ehefriedens willen, und
finde mich um halb 6 Uhr vor der Kirche wieder. Aber
nicht allein! Von überall her sieht man lautlose, dunkle
Schatten, die auf die Kirche zuströmen. Mit Mühe und
Not komme ich durch die Tür. Der Küster nickt mir
schweigend lächelnd zu und drückt mir eine dünne
Kerze in die Hand. »Für später«, flüstert er. In der
Kirche ist es stockdunkel, aber man ahnt die atmende
und ab und zu hüstelnde Menge. Die Kirche ist voll,
rappeldicke voll. Nachdem ich den Talar übergezogen   **83**

habe, kommt der Organist und Chorleiter auf mich zu. »Gleich geht's los«, zischt er, »stellen Sie sich bitte hinter den Mädchenchor.« Mädchenchor? Da erahne ich im Dunkeln ca. zwei Dutzend Mädchen, alle in weißen Jeans und Sweatshirts. Der Chorleiter entzündet eine riesige Osterkerze, stemmt sie hoch, und mit den Mädels und mir im Schlepptau gehen wir durch den Mittelgang nach vorn. Dreimal bleibt er stehen und singt: »Christus ist das Licht«, und der Chor antwortet: »Gott sei Lob und Dank.« Vorn im Altarraum entzünden die Mädchen ihre Kerzen und reichen die Lichter in die Gemeinde weiter. Dabei ertönt volles Glockengeläut. Um 6 Uhr morgens dürfte jetzt keine Menschenseele mehr ruhig im Bett liegen. Und die Kirche erstrahlt derweil im Glanz von ungezählten Lichtern. Was für ein Erlebnis. Meine Müdigkeit ist wie der Ärger verflogen. Über solche Gottesdienste hatte ich bisher nur gelesen, aber so etwas selbst zu erleben: Das ist der Hammer. Auch oben auf der Empore ist alles voller Menschen. Ihr Kerzenlicht spiegelt sich in den Gesichtern wieder: Alle Altersstufen sind vertreten, auch viele Kinder. Dieser Ostermorgen ist schöner als jede Goldregenrakete in der Silvesternacht. Beeindruckend. Eine Osterbotschaft ohne Worte, die jeder versteht. Die Welt sitzt im Dunkeln. Wir Menschen können uns nicht erkennen. Es bedarf des Lichtes, eines einzigen Lichtes, von dem das Licht an alle übergeht. Ein Licht entzündet alle anderen. Und jedes neu entflammte Licht wird zur Quelle für andere, die noch auf das Licht warten.

Wir Menschen sitzen im Dunkeln. Bedroht von Angst und Tod. Das kann es so finster in und um uns machen, dass wir auf ein Licht von außen angewiesen sind. Und haben wir es gesehen, so hat es uns erfasst und wir können es weitergeben. Das Dunkel hat ein Ende. Das Licht hat gewonnen. Die Liebe ist nicht im Tod verschlungen. Die Liebe geht weiter. Die Auferstehung Jesu, an die das Osterfest erinnert, möchte nichts anderes sagen als diese einfache und doch so komplizierte Botschaft.

Als Kind habe ich von dieser Botschaft noch nicht viel mitbekommen. Ich wusste nur: Mit Ostersonntag sind die dunklen, ernsten Tage (Gründonnerstag, Karfreitag) vorbei. Jetzt darf wieder gespielt werden, und im Fernsehen läuft Pippi Langstrumpf. Ach ja, und Jesus lebt wieder. Dass Gott so groß ist, dass er auch Tote wieder lebendig machen kann, war für mich unfragbar klar. Was soll an diesem Gedanken auch falsch sein? Und deshalb gibt es Geschenke. Versteckt im Garten (wenn es nicht regnet), sonst in der Wohnung. Die Geschenke bestanden in den 60er Jahren zumeist aus Süßigkeiten: Schokohasen, Schokoeier, gefärbte Eier, Eier mit süßer Glasur, Zitronenkuchen. Und mittags ein tolles Essen von Oma mit der ganzen Familie rund um den Küchentisch. Nachmittags dann der große Spaziergang. In meiner Erinnerung war immer gutes Wetter. Papa ging mit Opa voraus. Ab und zu riefen sie zu mir: »Komm mal und such mal! Ich glaube, der Osterhase hat wieder was verloren!« In der Tat: Nach kurzer Suche fand ich am Wegesrand im Gras drei oder vier kleine Schokoeier. Dass Papa und Opa sie kurz zuvor aus der Manteltasche kullern ließen, habe ich erst später erfahren. Als Kind schmeckten sie trotzdem lecker in der warmen Frühlingssonne.

Ostern: Das ist das Frühlingsfest. Jedenfalls war das in unserer Familie keine Konkurrenz zur Jesusgeschichte. Auch der Osterhase kommt ja eher im Frühling als in der Bibel vor. Als Kind konnte ich mir alles gut zusammen denken. Die historische Betrachtungsweise, wie aus dem altgermanischen Frühlingsfest das christliche Osterfest wurde, ist eine erwachsene Sicht der Dinge. Kinder denken einfacher und lebensnäher. Jesus lebt wieder: Das ist super. Der Winter ist vorbei: das ist auch super. Und doppelt super ist doppelt gut!

Während wir in deutschen Landen den Hasen als Eierlieferanten eingestellt haben, wird er andernorts gegessen. Zum Beispiel in Griechenland, wenn keine Lämmer mehr aufzutreiben sind. Eier kommen allerdings auch in Hellas vor, und zwar nicht zu wenige. In jedem Ostergottesdienst werden sie dort verteilt. Hartgekocht und mit roter Farbe bemalt. Im Gottesdienst werden sie dann aufgeschlagen und gegessen. Die Schalen pflastern den Kirchenboden, der Küster kriegt jedes Mal einen Herzinfarkt. Das gekochte Osterei beendet das griechische Osterfasten, und alle machen mit. Wieder so ein schönes Symbol. Das Ei sieht von ferne aus wie ein toter Stein; allein die Lebensfarbe »Rot« weist auf ein inneres Geheimnis. Und wenn die Schale ab ist (symbolisch: wenn der Stein, der das Grab Jesu zugedeckt hat, weggenommen ist), dann ist das Leben wahrnehmbar, dann ist das Leben essbar und genießbar. Als junger Pastor fand ich das rote Eiersymbol so schön, dass ich es auch in meiner ersten Gemeinde feiern wollte. In der Woche vor Ostern besorgte ich 120 Eier. Jetzt fehlte nur noch Farbe. Zu meinem Entsetzen war die Eierfarbe aber in allen Drogerie- und Baumärkten ausverkauft. Und ich Idiot dachte: Wer färbt heute noch Eier mit seinen Kindern?

Da reicht es doch, am Ostersamstag zum Einkaufen zu gehen. Das war wohl nichts!

Immerhin: In einem Supermarkt wurde ich doch noch fündig. Die letzten 20 Packungen Eierfarbe. Rosa. Echt rosa. Mehr pink geht nicht. Rot war schon alle. »Egal«, dachte dich, »so schlimm wird die Farbe auf dem Ei nicht sein.« Stimmt. Sie war noch schlimmer.

Meine Kinder kriegten sich vor Lachen nicht mehr ein. Ob Paulchen Panther jetzt die Eier bringe, fragten sie mich, während ich sie mit drohendem Gesicht in's Bett schickte. Am nächsten Morgen sahen die Eier, frisch mit Speckschwarte poliert, noch poppiger aus. Am liebsten hätte ich im Gottesdienst zu den Eiern auch noch Sonnenbrillen verschenkt. Als ich die Eier während der Predigt herumgehen ließ, musste ich auf die Reaktion nicht lange warten. Lachen statt Staunen war angesagt, sodass ich die Predigt beizeiten früher beendete und zum Eierimbiss ermutigte (der Küster war eingeweiht und hatte zuvor Baldriantee getrunken). Die schmatzende Gemeinde wurde immer fröhlicher. Ein mir unbekannter älterer Herr meldete sich. Ob er etwas sagen dürfe? Klar, meinte ich, alles, was von der Farbe ablenkt, kann nur positiv sein. Er sei zu Gast in unserer Gemeinde, sagte der Herr, früher selbst Pastor, aber ein so schönes Osterlachen wie heute hätte er noch nicht erlebt!

Osterlachen: ach ja. Auch so eine Ostertradition. Dahinter steht die Vorstellung, dass Gott am Ostermorgen den Tod ausgelacht hat, weil dieser Jesus nicht festhalten konnte. Deshalb gab es in frühen Tagen der Kirche die Vorschrift, der Priester/Pfarrer müsse die Gemeinde am Ostertag zum Lachen bringen. Aber wohl eher mit Worten als mit rosaroter Eierfarbe.

AUFERSTEHUNG JESU
oder
DER TOTE SUPERINTENDENT

Ostern ist das Fest, an dem an die Auferstehung Jesu gedacht wird. Aber was ist damals in Jerusalem wirklich passiert? Im Neuen Testament werden die Ostergeschichten erstaunlich nüchtern erzählt. Jesus starb am Karfreitag und musste so schnell es ging beerdigt werden, da ab Beginn des jüdischen Sabbat-Feiertages (am Karfreitagabend) eine Bestattung nicht möglich ist. Die übliche Waschung und Salbung des Leichnams musste also verschoben werden auf den Tag nach dem Sabbat. Am Sonntagmorgen machten sich Anhängerinnen Jesu auf den Weg zum Grab, das mit einem Rollstein verschlossen war. Die Frauen fanden das Grab offen und den Leichnam nicht an seinem Ort. Stattdessen sagten ihnen »Engel«, Jesus sei von den Toten auferstanden. Das älteste Evangelium, Markus, hat die Reaktion der Frauen nicht vergessen: Völlig verstört und voller Angst liefen sie zu den Jüngern, um ihnen davon zu berichten. Am Anfang war die Verwirrung, nicht die Freude.

Wie konnte Jesus verschwinden? Bereits im Matthäus-Evangelium (Kapitel 28, Verse 11-15) wird das Gerücht erzählt, das damals in Jerusalem umging: die Jünger hätten ihren Meister selbst aus dem Grab geholt und ihn andernorts begraben. Dann würden die Jünger die Lügengeschichte verbreiten, er sei auferstanden. Das klingt heute logisch, aber für damalige Ohren höchst befremdlich. Allein die Vorstellung, dass irgendwann einmal *alle* Toten auferstehen werden, wurde nur von wenigen geteilt. Dass ein Einzelner – quasi mitten in der Weltgeschichte – von den Toten aufersteht, das war nun wirklich unerhört. Einen größeren Quatsch hätte man sich nicht ausdenken können. Historisch gesehen muss das Grab aber wirklich leer gewesen sein, denn diese Behauptung konnte (und wird wahrscheinlich) jedermann in Augenschein genommen haben. Doch wie wurde das Grab leer? Auf welche Weise verschwand der tote Jesus? Hat man vielleicht das Grab lediglich verwechselt? Oder hat Gott den Leichnam »entmaterialisiert«? Scotty, beam me up?

Ich weiß es nicht. Kein Theologe weiß es. Es gehört zum eisernen Bestand meines Kinderglaubens, dass Gott Jesus zu sich genommen hat. Wie das geschah, begreife ich genauso wenig wie die Abläufe des Urknalls, mit denen erst Raum und Zeit geworden sind. Im Ereignis vom Ostersonntag hat sich ein zweiter Urknall ergeben; eine neue Zeit, ein neuer Raum, eine Neuschöpfung, die wir nur wahrnehmen, aber nicht erklären können.

Auch die Jünger konnten es sich nicht erklären. Geholfen haben ihnen Begegnungen mit dem auferstandenen Jesus. Davon erzählen die Evangelien einige Geschichten, die sich – was Zeit, Ort und beteiligte Personen angeht – alle unterscheiden. Jesus erscheint ihnen mal in Jerusalem, mal am See Genezareth, mal auf einem Berg in Galiläa. Das deutsche Wort »erscheinen« gibt den altgriechischen Ausdruck allerdings nicht genau wieder. Jesus »erschien« nicht den Jüngern, sondern (ganz wörtlich) »er ist ihnen erschienen worden«. Gott hat den auferstandenen Jesus vor den Jüngern erscheinen lassen. So deutlich, so klar, so leibhaftig, dass aus feigen Jüngern (am Karfreitag) mutig verkündigende Apostel (ab Ostern und danach) geworden sind. Auch der letzte Satz deckt sich mit dem historischen Befund: Aus verängstigten Typen wurden mutige Bekenner.

Doch wie funktioniert eine leibhaftige Vision? Vermutlich erlebt eine solche jeder ganz anders. Ein einziges Mal im Leben habe ich eine Ahnung davon bekommen, wie sich so etwas anfühlt. Und ich habe es nie vergessen.

Im Herbst 2007 suchte ich mir eine Wohnung in Clausthal-Zellerfeld. Nach meiner Zeit als Studiendirektor im Kloster Loccum bot mir die Technische Universität im Oberharz eine Anstellung als Gastwissenschaftler für Rhetorik, Präsentation und Technik-Ethik-Geschichte. War ich bisher gewöhnt an den Bezug von Dienstwohnungen, durfte ich nun selbst einmal auf dem freien Wohnungsmarkt suchen. Ein Makler fuhr mit mir einen ganzen Tag lang Wohnung für Wohnung ab. Der Oberharz hat reichlich Wohnraum zu bieten. Doch wer die Wahl hat, hat die Qual. Die besichtigten Wohnungen waren zu groß, zu klein, zu dunkel, zu laut, zu abgelegen, zu verwinkelt oder auch zu teuer.

Ganz am Ende landeten wir zur letzten Besichtigung in der Zellerfelder Schützenstraße. Ich war verwirrt. Vor diesem Haus, ja in diesem Haus, bin ich vor Jahren oft gewesen. Damals war ich noch Studentenpfarrer an der Universität, und hier, in diesem Haus, wohnte der alte Superintendent Richard Jobmann mit seiner Frau im Ruhestand. Leider konnte er ihn nicht lange genießen; er starb bereits nach wenigen Jahren. Doch hier habe ich ihn häufig und gern besucht. Im ersten Stock war seine Wohnung; er saß dann mit mir (und seiner Zigarre) beim Rotwein am Fenster und wir sprachen über Gott und die Welt. Ich habe ihn immer sehr geschätzt: Er konnte gut zuhören und die richtigen Fragen stellen. Eine Art Kommissar Maigret in Norddeutschland. Am liebsten sprach er mit mir Plattdeutsch. Daran dachte ich, als ich vor dem Haus stand. »Wohnt die Frau vom alten Superintendent noch hier?«, fragte ich den Makler. »Ja, aber die Wohnung für Sie ist im zweiten Stock.« Wir besichtigten diese und ich war sofort überzeugt: Genau diese Wohnung ist es! Hell, groß, überaus preiswert, mit neuer Einbauküche (Kochen – meine Leidenschaft), sogar Balkon und Blick auf den Kurpark. Ein Traum. Ein Geschenk. Der Mietvertrag wurde sogleich per Handschlag besiegelt.

Wochen später kam der Umzugswagen vorgefahren. Nach meiner Scheidung war der Hausrat überaus beträchtlich geschrumpft, um nicht zu sagen: sehr übersichtlich. Das Wichtigste aber war die Liebe zu meinen Kindern und den wenigen Freunden, die noch geblieben waren. Und natürlich meine Töpfe, Pfannen und japanischen Messer. Nachdem der Umzugswagen fort war, standen die Kartons fein säuberlich in den Räumen; es war immer noch alles sehr überschaubar. Ein Bett fehlte noch, dafür musste eine XXL-Luftmatratze herhalten. Abends kamen die Nachbarn mit Blümchen vorbei, bis ich irgendwann müde und geschafft auf die Matratze sank.

Da klingelte es an der Haustür. Seltsam, ich hatte doch gerade das Licht ausgemacht, und nun war es draußen schon wieder hell. Ich ging durch den lichten Flur, öffnete, und vor mir stand: Richard, der Superintendent aus dem ersten Stock. »Moin Matthias«, sagte er, »ich will mir mal deine neue Wohnung angucken!« Verdutzt führte ich ihn durch die Räume mit den Kartons. Auch Küche und Balkon zeigte ich mit Stolz. Aber immer mehr kam in mir das Gefühl hoch: Das kann doch nicht wahr sein. Richard ist doch tot! Er kann nicht hier sein. Oder habe ich mir die Nachricht von seinem Tod nur eingebildet? Vielleicht ist es nur ein Gerücht gewesen? Derweil kam Richard vom Balkon zurück. Er roch wie immer nach einer seiner Zigarren. Er trank gerne Rotwein, das wusste ich noch, doch leider hatte ich keinen dabei. Doch er wollte schon wieder gehen. An der Tür sagte er zu mir: »Sehr schön hier. Dat löppt sich allens wedder trecht.« Auf deutsch: *Das kommt schon alles wieder in Ordnung. Es wird schon wieder.*

Ich schloss die Tür und öffnete im selben Moment die Augen. Es war noch etwas dunkel und ich lag auf meiner Luftmatratze. Ich war völlig verwirrt, ging in die Küche und machte mir erst mal einen Kaffee, während draußen allmählich ein neuer, strahlendblauer Tag über Zellerfeld aufkam. Die Morgensonne fiel auf das Herbstlaub im Kurpark.

Immer noch verwirrt trank ich meinen Kaffee. Eben war ich mit Richard hier. Ich schnüffelte sogar, ob ich seine Zigarre riechen könnte. Es war ein Traum. Klar. Aber so einen Traum hatte ich noch nie. Er war so real wie ein Buch, das ich in der Hand halte. Wie der Stuhl, auf dem ich sitze. Wie die Wärme, die ich um mich herum fühle. Ein Traum – und doch so viel mehr. Sagte mir nicht Richard eben im Traum, was ich für mein – nicht geträumtes – reales Leben in ungewisser Zukunft brauche? »Es wird schon wieder« – eine Botschaft von irgendwo mitten hinein in meine neue Wohnung, in mein Herz und meine Seele.

Die biblischen Geschichten erzählen viel von Träumen. Lange vor Sigmund Freud wussten die Menschen, dass Träume Botschaften übermitteln – fernab von Esoterik oder Akte-X-Filmen. Ich habe diesen Traum gehabt. Seit dieser Nacht habe ich eine Ahnung, wie sich eine leibhafte Vision anfühlt. Den Jüngern sind solche Visionen von Jesus zuteil geworden als Geschenk von Gott. Ihr Leben wurde daraufhin anders, denn an der Wirklichkeit einer solchen Vision kann nur der zweifeln, der nie eine erlebt hat. Und wer noch nie eine erlebt hat, darf darauf vertrauen, selbst einmal eine zu erfahren. Bis dahin lohnt sich der Glaube, dass es eine Wirklichkeit gibt, die größer ist als das, was wir alltäglich erfahren.

KONFIRMATION
oder
MAIGLÖCKCHENPFLICHT

....

Da steht er nun, als Mann verkleidet,
und kommt sich nicht geheuer vor.
Fast sieht er aus, als ob er leidet.
Er ahnt vielleicht, was er verlor.

Er steht dazwischen und daneben.
Er ist nicht groß. Er ist nicht klein.
Was nun beginnt, nennt man das Leben.
Und morgen früh tritt er hinein.

Zwei Strophen aus dem Gedicht »Zur Fotographie eines
Konfirmanden« von Erich Kästner. 1936 wurde es ver-
öffentlicht, und noch heute kann man keine Altersspu-
ren erkennen. Wenn ich meine Konfirmanden an ihrem
großen Festtag vor mir sehe, dann erkenne ich, dass sie
sich immer noch nicht »geheuer« vorkommen. Die Mode
ändert sich bekanntlich. Nach der Anzugszeit, die per
Leihaktionen auch in der Nachkriegszeit noch in Mode
war, kam spätestens Ende der 60er Jahre frischer Wind
in den Konfirmationslook. Die ersten Jeans tauchten
auf, Mädchen mit Hosen, bunte Hemden und Krawat-
ten mit 70er Mustern, die schlimme Augenschäden
verursachen konnten. Das Gesangbuch mit Maiglöck-
chen für die Mädchen wurde aussortiert; der klassische
Jungs-Anzug wich zunächst der Kombination, an deren
Ende auch das Cordsakko verschwand. Die einleuch-
tende Begründung lieferten die Kosten: »Das lohnt sich
doch nicht. Für einen einzigen Tag einen Anzug kaufen,

und morgen ist der Junge schon wieder rausgewachsen.« Schick soll es zwar sein, aber alltagstauglich eingedenk der schnell laufenden Jugendwachstumszeit. Heute geht der Modetrend wieder zurück zu den Anfängen. Immer mehr Jungs tragen wieder »klassisch« und Mädchen gerne wieder schwarzen Rock mit weißer Bluse. Beim Elternabend fragte mich eine Mutter vor versammelter Elternschaft, ob die Kirchengemeinde nicht eine »Maiglöckchenpflicht« für Jungs (als Strauß am Revers) und für Mädchen (auf dem Gesangbuch im Taschentuch) ausrufen könne. »Können wir nicht und wollen wir nicht!«, sagte ich, und wurde beinahe aus dem Gemeinderaum geworfen. »Das ist doch soo schön!«, hallte mir der Mütterchor entgegen. Aber ich bleibe dabei: In äußeren Kleidungsfragen hat die Kirche bitte nichts zu sagen.

Nach der Taufe ist die Konfirmation die am meisten nachgefragte »Dienstleistung« der Kirche. Wer zwischen Ostern und Pfingsten einmal eine frühlingshafte Autotour durch die Dörfer macht, sieht am Sonntagmorgen vor fast jeder Kirche große Festgesellschaften. Konfirmation ist das Familienfest schlechthin. Da kommen auch Oma aus Bayern und Onkel Karsten aus Berlin. Selbst Patentanten aus Dänemark werden eingeflogen. Sobald der Konfirmationstermin feststeht (meist zwei Jahre im Voraus), sind entsprechende Restaurants und Gasthöfe ratzfatz ausgebucht. In der Tat: Wann kommt man als Familie schon einmal zusammen, um schön zu feiern? Und der/die Jugendliche in der Mitte ist doch wohl ein schöner Anlass.

Dass Konfirmation mitsamt Taufe so stark nachgefragt werden, lässt auch einen inneren Zusammenhang erkennen. Die Konfirmation ist der feierliche Abschluss des Taufunterrichts. Die meisten Konfirmanden sind bereits als kleine Kinder getauft worden. Vom Sinn des Christentums haben sie seither zumeist wenig bis gar nichts mitbekommen. Ähnlich wie der katholische Kommunionunterricht soll der evangelische Konfirmandenunterricht die Jugendlichen »fit« machen hinsichtlich der Glaubensthemen. In früheren Generationen führte das am Ende zur öffentlichen »Probe«, die sogar in der Kirche, während des Gottesdienstes, abgehalten wurde. »Peter! Vaterunser aufsagen!« »Carola: das Glaubensbekenntnis!« Natürlich war das Ganze ein ziemlich abgekartetes Spiel. Der Pastor wusste ja genau, wer seiner kleinen Schäfchen im Aufsagen gut oder schlecht war. Trotzdem war die Prüfung wichtig. Wer jemals eine mitgemacht hat, wird das bis heute nicht vergessen haben.

Ebenso unvergesslich bleiben die anderen Kleinigkeiten der Konfirmation. Selbst wenn sich die »Goldenen Konfirmanden« nach 50 Jahren ihrer Konfirmation in ihrer alten Gemeinde wiedertreffen, sprudeln sie förmlich die Erinnerung an jenen Tag hinaus. Alle wissen noch, wie das Wetter war; welche Kleidung sie trugen; was es wo zu essen gab; manche erinnern sogar noch einzelne Geschenke (die erste Uhr, ein Taschenmesser, Taschentücher mit gesticktem Monogramm oder sogar: der erste Plattenspieler von DUAL). Was der Pastor predigte, ist meist vergessen, aber die Urkunde mit dem Spruch liegt bei vielen noch irgendwo in der Dokumentensammlung. Ach ja, die Urkunde: Ich kann die Trauergespräche nicht zählen, in denen mir die Angehörigen das Schmuckblatt mit dem Konfirmationsspruch von der gestorbenen Mutter oder dem Vater vorgelegt haben. »Schauen Sie mal, die wurde immer gut aufbewahrt. Sogar im Krieg, bei der Flucht, musste die unbedingt mit!« Offenbar ist es – für das Gefühl – nicht nur ein Schriftstück unter vielen, sondern ein besonderes Dokument.

Was lernen nun die Jugendlichen im heutigen Konfirmandenunterricht? Zunächst einmal ist zu bemerken, dass es *den* Konfirmandenunterricht nicht gibt. Jede Gemeinde hat mittlerweile ein eigenes System. Beliebt ist das »KU 4«-Modell. Da lernen die Kinder der 4. Klasse schon mal für ein Jahr lang die Kirchengemeinde kennen; das wird dann später (5.-7. Klasse) vertieft. Andere Gemeinden sind beim »altbekannten« Modell geblieben, nach dem jede Woche für eine Stunde Unterricht erteilt wird; zwei Jahre durchgehend. Allerdings musste auch die Kirche einsehen, dass sich die Rahmenbedingungen für Schüler stark geändert haben. Die Ganztagsschule erfordert andere Zeitanpassungen für außerschulische Betätigungen. In meiner Gemeinde ist die Mitte der Konfirmandenzeit zugleich der Höhepunkt. Am Ende der Sommerferien fahren alle Kids für eine Woche in ein Freizeithaus und verleben sieben Tage miteinander. Unterricht- und Spieleinheiten wechseln so stark miteinander ab, dass man kaum einen Unterschied merkt. Nur eine Regel stößt regelmäßig auf Vorbehalte: Wir verbringen die Woche miteinander ... und ohne Handy! O weia. Erstaunlicherweise haben die Jugendlichen nach einem Tag voller Spiel und Spaß das olle Smartphone vergessen.

Nach der Freizeit folgen im zweiten Jahr acht Konfi-Tage; jeweils einmal im Monat am Freitag zwischen 16 und 21 Uhr (mit Abendbuffet). Die Gemeinschaft, die sich auf der Freizeit gefunden hat, kann nun weitergelebt und mit ihr kann weitergearbeitet werden. **97**

Das macht wirklich Freude, auch für die Unterrichten-den. Und um welche Themen geht es? Sie sind einfach zu benennen: Wer bin ich eigentlich? Was sind meine Träume und Ängste? Und wie viel bin ich wert? Vor Gott ist mein Wert unendlich, auch wenn ich nicht wie *Germanys next top model* aussehe oder Fußball spielen kann wie Ronaldo. Was ist wirklich wichtig für mein Leben? Welche Werte gibt es außer Geld und Ansehen? Was bringt es, andere zu lieben? Anderen zu verzeihen? Anderen zu helfen? Wo können wir vor Ort praktisch loslegen mit dem, was uns wichtig ist?

Natürlich gibt es auch die klassischen »Stoffe«: Va-terunser, 10 Gebote und Glaubensbekenntnis sowie die wichtigsten Geschichten von Jesus. Aber diese »Klas-siker« finden in den lebensbezüglichen Themen einen anderen Anhalt. Am Ende der Konfirmandenzeit dürfen die »Konfis« einen anonymen Feedbackbogen ausfül-len. Die Abschlussnote liegt bei den meisten zwischen einer Eins und einer Zwei. Wer sagt da noch, dass sich Jugendliche nicht mehr für Lebens- und Glaubensthe-men interessieren?

Dann kommt er: der große Tag. Die Mädchen mit »Super«-Frisur; die Jungs mit den ersten Lederschuhen. Frei nach Kästner: Sie stehen »dazwischen und dane-ben. ... Was nun beginnt, nennt man das Leben«, und der Hinweis auf den christlichen Glauben und seine Spuren hilft ihnen hoffentlich dabei, den Weg in ihr weiteres Leben mit Zuversicht und Hoffnung zu gehen.

HIMMELFAHRT
oder
AUF DER HOLZBANK

··

Woran denken viele Menschen, wenn sie das Wort »Lüneburg« hören? Richtig! Rote Rosen. Die Tele Novela. Die ewige Serie. Mittlerweile im selben Rang wie die Lindenstraße. Ich kenne Leute, die darf man wochentags nicht zwischen 14 und 15 Uhr anrufen, weil sie diese Daily Soap gucken. Meine Eltern zum Beispiel. Sogar im Urlaub ist diese Stunde eine heilige Zeit. Das Einzige, was dazwischen kommen darf, ist ein Geburtstagsbesuch oder eine Beerdigung. Ansonsten: Rote Rosen, direkt aus Lüneburg. Manchmal ruft mich meine Mutter an und sagt atemlos: »Der Horst ist krank und seine Claudia hat einen Neuen!« Dann muss ich immer überlegen, ob sie von ihrer Nachbarschaft oder aus der Fernsehserie berichtet.

Lüneburg hat aber noch viel mehr zu bieten. Lüneburg ist eine Reise wert, nicht nur wegen der obligatorischen Rote-Rosen-Führung. Da ist das alte Rathaus, der Wochenmarkt, die drei berühmten Kirchen Johannis, Michaelis und Nicolai, das sind in der Adventszeit die beleuchteten Giebel am Sande, die Kneipenmeile »Am Stint« direkt am alten Hafen, und das Deutsche Salzmuseum sei ebenfalls nicht vergessen.

Auch das Lüneburger Umland hat allerhand zu bieten. Das stolze (und viel ältere) Bardowick mit Dom, Nikolaikirche und Windmühle. Und dann gibt es da noch das Kloster Lüne. Ein absolutes Kleinod. So schön erhalten (man kann es besichtigen), dass sogar Manfred Krug einen TATORT dort drehte.

Zum Kloster gehört aber noch ein besonderes Juwel. Das Teppichmuseum. Dort sieht man gewebte und gestickte Teppiche, die im Kloster von den adeligen Nonnen gefertigt wurden. Als Nonne – egal welchen Standes – war man ja zur Handarbeit angehalten. Die niederen Dienste machten die niederen Stände, und die höher gestellten Damen waren zu Höherem berufen. Weben und Sticken. Sie gestalteten Teppiche, die so groß und fein gewirkt sind, dass eine junge Nonne beim Beginn der Arbeit sicher sein konnte, niemals dessen Ende zu erleben. Sie gab am Ende die Nadel aus der Hand und ihre Nachfolgerin stickte weiter. Zur Ehre Gottes. Ich ziehe meinen Hut!

Mein Lieblingstuch im Kloster Lüne zeigt (als Weißstickerei) die Himmelfahrt Jesu. Die biblische Story ist leicht erklärt. Nach Jesu Tod am Karfreitag und seiner Auferstehung am Ostersonntag gab es eine Zeit, in der Jünger leibhaftige Visionen von Jesus hatten. Doch diese Zeit, quasi seine Abschiedstournee, endete irgendwann. So wird berichtet, dass Jesus am Ende einer Abschiedsvision vor den Augen der Jünger in den Himmel »gefahren« ist bzw. hochgehoben wurde. Über den Wolken ist die Freiheit eben wirklich grenzenlos.

Die frühen Christen feierten deshalb den »Himmelfahrtgottesdienst« immer als open-air-Veranstaltung. Als die Menschen den Kirchgang nicht mehr so wichtig fanden, haben sie den Pastor allein mit den Frauen der Gemeinde im Wald stehen lassen, während die Männer immer noch open-air ihre alkoholischen Herrentouren machten.

Auf dem gestickten Tuch sieht man unten die Jünger, wie sie nach oben in den Himmel schauen. Und – wie schön: Ganz oben aus einer Schäfchenwolke sieht man gerade noch die beiden Füße Jesu rausgucken. Neben den unten verbliebenen Jüngern sieht man zwei Engel. Die schauen nicht nach oben. Sie deuten auf den Erdboden. Und siehe da: Man erkennt zwei Fußabdrücke, sogar die Zehen Jesu sind auf den Abdrücken abzuzählen. Super Stickerei. Die Engel ermahnen durch diesen Hinweis die Jünger, auf der Suche nach Jesus nicht nach oben zu gucken, sondern seine Fußspuren lieber auf dieser Erde, in dieser Welt und in dieser Zeit zu suchen. Nach dem Motto: Glotz' beim Loben nicht nach oben!

Nahe dem Kloster Lüne, in Bardowick, lag meine erste Pfarrstelle. Dort lernte ich auch Tante Anni kennen. Tante Anni war mit über 90 Jahren die Dorfälteste und rüstig wie eine 70jährige. Zum Altenkreis wollte sie nicht kommen. Begründung: Dazu sei sie noch zu jung! Und Zeit habe sie auch nicht! Also saß ich mit den viel jüngeren Seniorinnen bei Kaffee, Kuchen und Dias zusammen, während Tante Anni ihren täglichen Weg zu Fuß und mit Gehstock durchs Dorf machte.

Am Dorfende, beim Ortsschild, war in der Feldmark eine Holzbank aufgestellt. Dort saß sie nach Ankunft und schien sich für den Rückweg auszuruhen. Sie blickte über Felder, Blumen, Knicks und Wäldchen bis zum unverbauten Horizont, über den sich der täglich wechselnde plattdeutsche Himmel wölbte. Manche im Dorf meinten, sie schliefe dort. Andere sagten, sie würde dort laut vor sich hin reden. Also fragte ich sie selbst, als ich sie das nächste Mal beim Höker, dem Dorfkaufmann, traf. Ihre

Einkaufsliste kannte über die Jahre jedermann auswendig: Rätselheft, das Goldene Blatt, Cognacbohnen und Wick-Halsbonbons. »Ja«, sagte sie auf meine Frage, »da sitze ich und warte. Denn nach kurzer Zeit kommt immer Jesus vorbei und setzt sich neben mich!«

Ich gebe es zu: Ich dachte zunächst, sie sei etwas verwirrt. Mit über 90 Jahren darf man ja auch schon mal etwas tüddelig sein. Aber die Ruhe und Sicherheit, mit der sie diesen Satz sagte, hat mich dann doch beeindruckt. Beim nächsten Treffen fragte ich sie danach. »Sicher. Immer wenn ich da sitze, dann setzt sich irgendwann Jesus zu mir.« »Und was bereden Sie so zusammen?«, fragte ich als ungläubiger Pastor. »Ich erzähle ihm alles, was gestern im Dorf oder in der Welt passiert ist. Dass da so schlimme Dinge immer noch passieren. Ich habe den Krieg erlebt und die Zeit danach. Ich weiß, wovon ich rede. Aber dass das heute noch so ist... Davon erzähle ich ihm.« »Und was antwortet er?«, fragte ich wirklich neugierig. »Er guckt mit mir in die Feldmark. Über die Wiesen. Zu den Blumen. Und dann sagt er das von den Vögeln unter dem Himmel, die Gott uns geschenkt hat, und von den Lilien auf den Feldern, die er uns auch schenkt, dass wir uns daran freuen sollen. Das tröstet mich jeden Tag.« »Und was passiert dann?«, frage ich. »Irgendwann geht er dann wieder, aber morgen ist er wieder da.«

Tüddelig? Tante Anni hat mich (bis heute) in's Nachdenken gebracht. Psychologisch ist alles natürlich ganz leicht zu erklären. Sie bildet sich alles nur ein. Ihre religiöse Prägung verändert ihr Empfinden; sie hat das Jesus-Zitat von den Vögeln und Blumen wohl seit Konfirmandenzeit auswendig im Kopf. Alles erklärbar. Alles einfach. Aber könnte es nicht sein, dass sie (und nicht wir psychologischen Erklärer) im Recht ist? Nach unserem Glauben ist Gott nicht räumlich oben, sondern bei uns, neben uns, auf der Holzbank, in uns. Und Gott kommuniziert mit uns. Wir können mit ihm reden, er hört zu und redet – hörbar mit den Ohren des Herzens und der Seele. Also: nicht nach oben gucken, wo heute keine Füße Jesu mehr aus den Wolken baumeln, sondern nach unten sehen: auf diese Erde bis zum Horizont.

Monate später rief mich Tante Annis Tochter an. Ich solle doch heute mal vorbeikommen, bitte. Das tat ich und fand Tante Anni mit Wolldecke auf den Knien im Lehnstuhl sitzend vor. »Ach«, sagte sie, »ich glaube, ich soll wohl sterben. Darf ich das?« Nie zuvor und nicht seither ist mir diese Frage gestellt worden. »Oh, Tante Anni«, sagte ich, »diesen Termin wissen wir Menschen nicht. Aber wenn Sie das mit Jesus bereden, meine ich, er wird nichts dagegen haben. Er freut sich bestimmt schon auf Sie. Im Himmel gibt es sicherlich auch schöne Wege und eine Holzbank, auf der Sie miteinander reden können.« Wir verabschiedeten uns. Am nächsten Morgen telefonierte mich die Tochter an: »Tante Anni ist heute Morgen nicht mehr aufgewacht.«

Zu ihrer Beerdigung war fast das ganze Dorf anwesend. Wir sangen ihre Lieblingslieder: Lobe den Herren, Geh aus mein Herz und suche Freud und (natürlich) Jesu geh voran. In den Jahren, in denen ich noch in der Kirchengemeinde war, dachte ich jedes Mal an sie, wenn ich beim Ortsschild an der Holzbank vorbeifuhr. Warum habe ich eigentlich nie angehalten und mich selbst einmal dort niedergesetzt? Man stelle sich nur vor, dass tatsächlich ...

GOTTESDIENST
oder
GIBT'S HIER WLAN?

....

Am Montagmorgen geht es los. Da beginnen die ewig fröhlichen Radiosprecher ihren Countdown. »Und denken Sie daran: Nur noch fünf Tage bis zum Wochenende.« Mit jedem Tag wird das euphorische Runterzählen bis zum Freitag hektischer. Ich frage mich: Was passiert dann eigentlich? Fährt ganz Deutschland kollektiv in den Kurzurlaub? Auf Mini-Kreuzfahrt? Der Trubel um das »Heilige Wochenende« in den populären Rundfunkmedien fällt kaum noch jemandem auf. Aber mir.

Denn was passiert bei vielen »normalen« Berufstätigen am Wochenende – wirklich? Man tut das, was zu tun ist und wozu man am ach so freien Wochenende bestimmt nicht immer Lust hat. Rasenmähen, Staubsaugen, Wischen, Glasmüll wegbringen und am Sonntag in aller Herrgottsfrühe die Kinder zu Sportveranstaltungen kutschieren. Wer Glück hat, hat wirklich Zeit für einen schönen Besuch bei der Familie oder bei Freunden. Oder man erlebt einen netten Grillabend. Aber das wöchentlich angepriesene Wochenende entpuppt sich oftmals als die Zeit der häuslichen Arbeit. Nebenbei bemerkt, weil oft vergessen: Was Lehrer und Lehrerinnen in der freien Wochenendzeit in Korrektur- und Vorbereitungsarbeiten stecken, ist nur dem ersichtlich, der selbst betroffen ist.

Und dann gibt es noch die »unnormalen« Berufstätigen, zu denen auch ich gehöre. Für sie ist das Wochenende nicht frei, sondern echte (Lohn)Arbeitszeit. Busfahrer, Taxifahrer, Verkäufer(innen) möglichst auch Samstag bis 22 Uhr und am verkaufsfreien Sonntag in Betrieb, das Personal in Krankenhäusern, Altenheimen, bei Feuerwehren und Kasernen: Für sie alle ist das Gerede um ein »happy weekend« nervig.

Natürlich ist auch für Pastor(innen) das Wochenende nicht frei. Wir haben Dienst. Wollen wir wirklich frei haben, müssen wir dafür Urlaub einreichen und für unsere Vertretung sorgen. Denn schließlich soll jeder Mensch jederzeit einen Pastoren oder eine Pastorin erreichen können. Sieben Tage die Woche, Wochenende inklusive. Wer diesen Beruf anstrebt, der weiß das im Voraus, ebenso wie Ärzte und Krankenpflegepersonal um ihre Anforderungen wissen. Über diese Berufstatsache meckere ich also nicht. Ärgern tun mich nur gelegentlich zu hörende Äußerungen wie z.B.: »Pastor müsste man sein. Hat nur am Sonntag was zu tun.« Doch doofe Sprüche gibt es auch für Lehrer(innen). Das darf man sich nicht zu Herzen nehmen, da muss man durchschrödern.

Was nun den Sonntag mit dem Arbeitsfeld »Gottesdienst« angeht, so sage ich: Gottesdienst zu feiern macht mir Freude! Ganz allein bin ich mit diesem Gefühl nicht. Auch wenn ich die Statistik nicht selbst gefälscht habe, las ich doch, dass am Wochenende mehr Menschen Kirchen aufsuchen als Fußballstadien. Wer hätte das gedacht? Wer einmal längere Zeit in Ostfriesland verbracht hat, kann ein Lied singen über das Liedersingen in den vollen Kirchen. Von Messen in Bayern will ich gar nicht reden. Es gibt sogar Gourmets unter den Gottesdienstbesuchern. Sie wählen – mit Blick in die Zeitung – aus, wohin sie gehen. Die Wahl entscheidet entweder der Prediger oder das musikalische Programm: Bachkantate oder Gospelchor, Fagottkonzert oder Oberharzer Bergsänger. Auch die »Form« des Gottesdienstes ist von entscheidender Bedeutung: »Normal«-Gottesdienst, Familien- oder Krabbelgottesdienst, mit oder ohne Abendmahl (bei Protestanten: mit Wein oder mit Saft).

Ist die Wahl getroffen, werden die meisten Besucher nicht enttäuscht. Viele merken das Maß der Vorbereitung, das Pastor(in), Organist(in), Küster(in) und alle Mithelfenden in den Ablauf stecken. Eine Predigt fällt genauso wenig vom Himmel wie eine musikalische Darbietung oder ein kleines Theaterspiel. So kommen eben doch sehr viele am Sonntag um 10 Uhr gern zum Gottesdienst.

Natürlich gibt es auch andere Erfahrungen. Lieblose Gottesdienste, bei denen man merkt, dass keiner der Beteiligten irgendwie innerlich beteiligt ist. Auch Pastor(innen) haben Tagesform. Doch wenn ein Talarträger merkt, dass er überhaupt keine Freude hat am Gottesdienst, sollte er noch einmal über Weiterbildung oder Umschulung nachdenken. Die Menschen, die zuhören, fühlen sehr genau, ob einer mit dem Herzen dabei ist.

Nun gibt es allerdings auch viele, die mit dem Gottesdienst am Sonntag gar nichts anfangen können. Die historische Feststellung, dass mit jedem Sonntag an den österlichen Auferstehungs-Sonntagmorgen gedacht wird, hilft da nicht weiter. Gottesdienst ist nichtssagend für viele Zeitgenossen. Allein das Glockenläuten nervt schon, sogar manche Gerichte, die entscheiden müssen, ob Glockenläuten um 9 Uhr legal ist oder gegen das Gesetz der Sonntagsruhe verstößt. (Ein Gesetz, das übrigens auch mit der christlichen »Sonntagsheiligung« zu tun hat, was die von den Glocken Genervten aber meistens nicht wissen.)

Konfirmandenmund tut Wahrheit kund. Wenn die Jugendlichen zum kirchlichen Unterricht angemeldet werden, ist das oft mit der Frage verbunden: »Wie oft muss ich denn zum Gottesdienst?« Antwort: 30mal in zwei Jahren. »So häufig?« Ja, so häufig. Schließlich sollen die Jugendlichen ein wenig mitbekommen, wie ein christlicher Gottesdienst abläuft. Sie merken, dass ein Jahr kirchenzeitlich von den christlichen Festen her geprägt ist. Sie hören, dass in den Lesungen aus der Bibel die zentralen Jesusgeschichten vorgetragen werden. Sie erleben (hoffentlich), dass in der Predigt unsere (auch ihre) Lebenswelt mit der biblischen noch einiges zu tun hat. Sie beten das Vaterunser, das man nun wirklich als *das* christliche Gebet gut behalten kann. Sie sehen Menschen in unterschiedlichen Lebenssituationen: Eltern mit Kindern zur Taufe, Paare auf dem Weg zur Trauung, meist ältere Menschen in schwarzer Trauerkleidung. Sie erkennen, dass man eine Kerze für andere anzünden kann. Sie ahnen, dass Besucher, die am Abendmahl teilnehmen, dabei sehr emotional berührt sind. Sie spüren, wie schön es ist, wenn ihnen ein Segen mitgegeben wird. Und – mit etwas Glück – spielt die Orgel oder der Pastor mit Gitarre den einen oder anderen modernen Song, den auch sie mitsingen können.

Schön ist es, wenn die Konfirmanden zum Gottesdienst auch ihre Eltern »mitschleifen«. Ein Vater fragte mich gleich am Kircheneingang: »Gibt's hier auch WLAN? Man weiß ja nie, wie lange das dauert.« Ich musste tatsächlich zugeben, dass unsere Gemeinde WLAN-freies Gebiet darstellt, aber am Ende schien er nicht unzufrieden gewesen zu sein, einfach nur zuzuhören und mitzumachen. Ein Besuch im Gottesdienst ist also ein kleines Abenteuer. Ein Wagnis. Es könnte sein, dass man mit seinem eigenen Leben vor Gott auf einmal online ist.

WUNDER
oder
KATJA EBSTEIN

....

Wir schreiben das Jahr 1970. Im Legendenschatz meiner Mutter findet sich die unauslöschbare Anekdote, dass ich im Alter von 9 Jahren tagein-tagaus ein Lied gesungen hätte. Beim Frühstück, auf der Toilette, beim Hausaufgaben machen. An den Schlager kann ich mich bis heute erinnern, vor allem aber an die Sängerin. In der Hitparade von Dieter Thomas Heck sah ich sie und war sofort fasziniert. In einer Zeit, in der alle erwachsenen Frauen Medusa-ähnliche Dauerwellenfrisuren trugen, hatte sie glatte, hellbraune Haare; lang bis zum Po. Und dann diese Stimme und dieser schöne Song. Damit trat sie für Deutschland beim *Grand Prix d'Eurovision de la Chanson* auf, dem Vorgänger des heutigen *European Song Contest*. Sie belegte einen stolzen dritten Platz. Ihr Name: Katja Ebstein. Ihr Lied: Wunder gibt es immer wieder.

Vielleicht ist der Schlager nicht nur wegen der eingängigen Melodie gewählt worden. Der Text hat es ja auch in sich. Wunder mögen nun wirklich alle Menschen. Achten wir nur einmal auf unsere Wortwahl: Wann sagen wir »Das ist ja wundervoll!« oder »Das ist wunderbar!«? Wir sagen es meistens, wenn uns ein positives Erlebnis widerfährt. Etwas Schönes, das wir erleben und das wir nicht selbst gemacht haben. Ein Wunder ist eine Art Geschenk. Unverhofft. Unerwartet. Einfach wunderbar.

Da habe ich einen Tag voller Termine und am Abend droht noch eine stundenlange Sitzung, deren Tagesordnung so interessant ist wie die Packungsbeilage von Kohletabletten. Plötzlich ein Anruf am Nachmittag: Die Abendsitzung muss verschoben werden. Das bedeutet: ein freier Abend mit meiner Frau und Inspektor Barnaby. Wunderbar. Ein anderes Beispiel: Mein lieber, alter VOLVO ist plötzlich und unerwartet auf der Autobahn nach 220.000 Kilometern auf dem Tacho liegen geblieben. Eine Reparatur des Motors würde 8.000 Euro kosten, die ich nicht annähernd auf dem Konto habe. Aber ich brauche ein Auto. Am besten für wenig Geld. Ich fahre (per Bus) zum Autohändler im Nachbarort. »So ein Wunder«, sagt er, »eben habe ich ein tolles Auto auf den Hof bekommen; tiptop in Schuss, aber die knallrote Farbe will keiner. Den kann ich Ihnen günstig und in Raten abgeben.« Ein Wunder. Und ein neuer Spitzname für mich dazu: »der tornadorote Pastor«.

Wunder dieser Art erleben Menschen, egal wie alt sie sind, welchen Stand sie haben und in welchem Land der Erde sie leben. Mensch sein heißt: Wunder erleben, egal ob kleine oder große. Und das wohl schon zu allen Zeiten. Auch die Menschen in der Bibel erleben Wunder. Es sind die gleichen Wunder, über die wir uns heute noch genauso freuen: Wunder der Entlastung, Wunder des Beschenktseins, Wunder der Freude. Nur ist die biblische Perspektive auf die Wunder etwas verschoben. Dort sehen die Menschen hinter den Wundern keinen blinden Zufall wirken, sondern einen sehenden Gott.

Mir ist das an einer sehr realistischen Erzählung von Jesus deutlich geworden. Da ist ein Mensch, dessen krankes Kind zu sterben droht. Der Vater hat alle Ärzte abgeklappert. Keiner konnte dem Kind helfen. Wie alle Eltern klammert er sich an einen letzten Strohhalm: das Gerücht, dass da ein Wunderheiler durch die

Lande zieht. Jesus von Nazareth. Der Vater macht sich auf den Weg, trifft ihn, ist wahrscheinlich von dessen Ausstrahlung beeindruckt und fragt um Hilfe. Jesus erkennt das in ihn gesetzte Vertrauen und sagt: Geh wieder nach Hause, dein Kind ist wieder gesund. Der verblüffte Vater kehrt um, als seine Angestellten ihm schon entgegen laufen und die Heilung bestätigen. Er wurde in dem Moment gesund, als er mit Jesus Kontakt aufgenommen hat und mit ihm sprach. (Wer nachlesen will: Johannes 4,46-54.) Für den Vater ist die Heilung ein Wunder – ein Kontaktwunder, das nicht durch Zufall, sondern durch die Begegnung mit Jesus (bzw. mit Gott in Jesus) möglich wurde.

Ich schreibe die nächsten Zeilen einmal ohne Theologenschwafelei, sondern hart und unmissverständlich. Es hätte sein können, dass das kranke Kind auch ohne den Besuch des Vaters bei Jesus gesund geworden wäre! Dann wäre es für den Vater ein glücklicher Zufall gewesen. Nachdem er aber bei Jesus war, kann er diese Begegnung nicht mehr vergessen. Nun kann es kein Zufall mehr sein, sondern es ist ein göttlicher Zufall: ein Wunder. Der Vater bat um Heilung, und die Heilung ist eingetreten – so wie Gott in Jesus es ihm versprochen hat. Von diesem Moment an hat der Zufall einen Namen. Das profane Wunder ist auf einmal göttlich imprägniert.

Passiert das nur in den altehrwürdigen Bibelgeschichten?

Die Frau klingelt – unangemeldet – an meiner Haustür. Sie sei zufällig in der Gegend, da dachte sie, sie schaut mal, ob ich da bin und Zeit habe. Ich wollte zwar gerade mit Sam, unserem Golden Retriever, in den Wald gehen, aber so viel Zeit muss sein. Die Frau sah den Hund und meinte sogleich: Dann gehen wir eben gemeinsam Gassi. Auf dem Weg erzählte sie von ihrer Arbeit in einem Architektenbüro. Sie wolle demnächst kündigen. Nicht, weil die Arbeit etwa langweilig wäre. Nein, sie will kündigen, weil sie ihre Kollegin im Büro nicht länger ertragen kann. Dauernd meckert sie rum, ist launisch und schnippisch. Nie macht man ihr etwas recht. Selbst, wenn sie den Mund hält, verbreitet sie eine Atmosphäre wie ein Kühlschrank. Wenn sie einmal lächelt, so ist das schon die Spitze von positiver Emotionsäußerung. Die Frau neben mir sagt: »Nun ist es vorbei. Ich kann nicht mehr. Die Kollegin macht mich krank. Es reicht schon, wenn ich ihre Visage sehe. Ich kündige, wenn nicht noch ein Wunder passiert!« Da ist es wieder: das Wunder bzw. das fehlende Wunder.

Ich erwiderte: »Rechnen Sie ruhig mit einem Wunder! Geben Sie Ihrem Glauben und Gott eine Chance. Wenn Sie das wirklich tun, wird auch was passieren.« Die Frau meinte: »Jetzt reden Sie wie meine Oma. Die sagte stets: Immer, wenn Du meinst, es geht nicht mehr, kommt irgendwo ein Lichtlein her« »Kenn' ich«, sagte ich, »den Spruch hatte meine Großmutter auf einem Holztäfelchen in der Küche hängen.« »Na, dann warte ich mal ab«, sagte die Frau und verabschiedete sich, nachdem wir wieder mit Sam zu Hause angekommen waren.

Wochen später ruft jemand hinter mir meinen Namen, als ich auf dem ALDI-Parkplatz meine Einkäufe in den tornadoroten Wagen packe. Es ist die Dame vom Hundespaziergang. »Na«, lacht sie, »an Ihrem Auto erkennt sie wohl jeder.« »Tja«, sage ich, »das ist mein

Wunder-Auto«, und erzähle ihr von diesem wundersamen Kauf. »Da sind wir ja beim richtigen Thema. Ich habe wirklich – nach unserem Gassigehen – auf ein Wunder gehofft. Ich sagte mir, vielleicht klappt es ja und mir wird da irgendwas geschenkt. Irgendwie fühlte ich mich gleich freier. Ich musste ja nun selbst nichts Großes anstellen. Nach ungefähr drei Wochen sah ich, dass die Kollegin in einem – wie sie meinte – unbemerkten Moment ein paar Tränen aus den Augen wischte. Als ich mir einen Kaffee holte, brachte ich ihr einfach einen mit. Dann sagte ich noch: Der Kaffee hier ist wie immer ziemlich fad; wir können ja in der Mittagspause mal einen Cappuccino beim Italiener drüben trinken. Und sie sagte zu! Zum ersten Mal haben wir uns richtig unterhalten. Sie sprach von ihrer erwachsenen Tochter; die kriegt ein Kind und der Ehemann benimmt sich ziemlich daneben. Er habe wohl eine Geliebte. Die Kollegin leidet jetzt schon seit Monaten mit ihrer Tochter. Seitdem wir uns beim Italiener so gut unterhalten haben, ist die Atmosphäre im Büro ganz anders. Jetzt treffen wir uns schon seit Wochen jeden Freitag zum Wochenend-Feierabend beim Cappuccino. Vielleicht habe ich irgendwann den Mut, ihr vom Wunderglauben zu erzählen.« Dann ging sie und ließ mich bei meiner roten Pastorenwunderschleuder zurück. Wie sagte doch Katja Ebstein? Wunder gibt es immer wieder! Und Jesus: Glaube kann Berge versetzen – ganz wunderbar. Auch im Büro.

PFINGSTEN
oder
HOGWARTS LÄSST GRÜßEN

Dass Pfingsten ein Fest ist, das mit dem Christentum zu tun hat, lernte ich erst in der fünften Klasse im Religionsunterricht. Zuvor war Pfingsten einfach nur ein Fest im späten Frühling, für das man als Schüler einige Tage schulfrei bekam. In der Familie gab es – im Gegensatz zu Karfreitag, Ostern und Weihnachten – keinerlei Hinweise auf eine kirchliche Grundgeschichte. Pfingsten: Das war zunächst einmal ein kulinarisches Fest für Erwachsene. Meine Eltern und Großeltern freuten sich schon die ganze Zeit darauf: endlich wieder richtig Spargel und Schinken essen. Mein Problem war ein zweifaches. Erstens: Ich mochte keinen Spargel. Zweitens: Ich mochte keinen Schinken. Und den noch mit Fettrand. Heute hat sich der Appetit bei mir zum Glück geändert, aber damals war es ein Grauen und ein Würgen.

Immerhin gab es draußen etwas zu sehen. Bei allen wichtigen Personen im Dorf, also beim Bürgermeister, beim Schützenkönig, beim Pastor und beim Arzt, standen abgeschlagene Birken links und rechts der Haustür. Und dann war da noch der Brauch vom Pfingstfuchs. Junge Mädchen zogen einen geschmückten Bollerwagen durch's Dorf. Im Wagen saß ein ganz kleiner Junge, der mit einem Blumenkranz im Jahr umgürtet war wie Caesar nach einer siegreichen Schlacht. Die Mädels klingelten dann an jedem Haus; wo geöffnet wurde, sangen sie ein Liedchen und die Süßigkeiten wurden zum Jungen in den Bollerwagen geschüttet. Wie man

Pfingstfuchs werden konnte, das wusste ich leider

nicht. Ebenso wenig kannte ich die Herleitung dieses Brauches aus einem altgermanischen Opferbrauch für Donar. Am allerwenigsten kannte ich die christliche Pfingstgeschichte (und ich vermute, außer meiner Oma und Mama kannte die auch sonst keiner bei uns).

So schwierig ist die biblische Story gar nicht. Nachdem Jesus am Himmelfahrtstag in den Himmel »entrückt« wurde, saßen die Jünger ziemlich alleine in Jerusalem, ohne zu wissen, was nun zu tun sei. Da hörten sie »ein Brausen vom Himmel her«, und der Geist Gottes berührte sie. Sie erkannten das Wunderbare daran, dass jeder Jünger nun auf einmal (wunderbar) alle Sprachen der Welt verstehen konnte und in solchen auch zu predigen vermochte. Im Religionsunterricht hörte sich die Geschichte für mich etwas gruselig an. Nicht mal die Geistergeschichten, die mein Großvater sich ausdachte, mit kettenrasselnden Betttuchgestalten, die durch Wände gehen konnten, gefielen mir. Heutige Kinder brauchen dafür keinen Opa mehr: Das Fernsehen der Harry-Potter-Filme mit den Zuständen in Hogwarts reicht vollkommen für Gänsehautfeeling.

Immerhin habe ich eine Erklärung vom Religionslehrer nicht vergessen. Der Geist ist gar kein Spukgespenst, sondern eher mit dem zu vergleichen, was der Sportlehrer von unserem Fußballteam forderte: Mannschafts*geist*. Team spirit – würden die Engländer sagen. Der Geist, der durch eine Mannschaft geht, sie anspornt und den Siegeswillen einimpft. Das leuchtete mir ein. Der Heilige Geist ist also der Jüngerteam*geist*. Anstatt verzagt in Jerusalem zu hocken, können und sollen sie sich auf den Weg machen, um allen Menschen in der

Welt von Jesus zu erzählen. Und wenn man wirklich von etwas überzeugt ist, dann ist ein etwaiges Sprachenproblem nebensächlich. Wer es nicht glaubt, der besuche eine Tupperparty im fremdsprachigen Ausland. Es lohnt sich, auch wenn es teuer werden kann.

Nun hatte ich zwar als Fünftklässler ein wenig vom Sinn der Pfingstgeschichte begriffen, aber ein Pfingstgefühl war mir nach wie vor fremd – genauso wie die Frage, was nun Spargel und Schinken mit dem Fest zu tun haben. Ein Pfingst-Geist-Gefühl ließ noch ziemlich lange auf sich warten. Es dauerte bei mir bis zum Sommer 1977. Damals war ich – als 15jähriger – zum ersten Mal bei einem Kirchentag. Unser Jugendpastor hatte die Fahrt organisiert. Es ging nach Berlin! Da war ich noch nie, und schon deshalb war es aufregend. Außerdem kam Ulrike mit! Und in die war ich verknallt, und das machte die Sache noch aufregender. Allerdings war ich mir in Hinsicht auf Ulrike meiner beschränkten Möglichkeiten durchaus im Klaren. Sie war bildschön – wie Juliane Werding. Ich dagegen hatte Pickel auf der Nase und einen gewaltigen Schwupps in der Frisur, der auch mit jeder Menge Apfelshampoo nicht zu bändigen war. Aber immerhin: Mit Ulrike in einem Raum zu übernachten, d.h. einer Turnhalle, in der auch 250 andere Jugendliche pennten, das war schon was. Ohne Erfüllung zwar, aber immerhin unvergessen.

Unvergessen war auch das eine Erlebnis, das vom damaligen Kirchentag bis heute nachklingt. Es war eine Abendveranstaltung in einer Halle auf dem alten Berliner Messegelände unter dem Funkturm. 5000 Leute waren dabei, und ich kam gerade noch rein, bevor hinter mir die Veranstaltung als »überfüllt« galt. Ich saß ganz hinten auf einem Papphocker, und ganz vorn war eine riesige Bühne mit lauter Bands und lauter Leuten, die etwas zu erzählen hatten. Viel habe ich nicht mitbekommen, nur dass die Geschichte »Die Speisung der 5000 hungrigen Menschen« aus der Bibel verlesen wurde. Heute, sagte der Pastor vorn, werden wir »mit Hilfe des Heiligen Geistes« diese Geschichte hier noch einmal erleben dürfen. Ich war gespannt wie ein Flitzebogen. Denn den Pastor da vorn kannte ich aus dem Fernsehen vom »Wort zum Sonntag«. Es war Jörg Zink.

Fünf Brote und zwei Fische wurden unter großem Applaus von der Bühne in die erste Reihe gegeben. »Und nun guten gesegneten Appetit«, rief Pastor Zink und ich dachte, dass es wohl besser gewesen wäre, vorher einen Hotdog vor dem Halleneingang zu essen. Doch dann passierte für mich das kleine Wunder. Auf einmal packten alle meine Nachbarn ihre Jutetaschen und Rucksäcke aus und teilten – ohne dass dazu aufgefordert wurde – mit den Nachbarn ihre essbare Habe. Ich befand mich plötzlich in einem Papphockerkreis und in der Mitte wurde ein Spontanbuffet errichtet: mit Fanta, Bifi, Sunkist, Chips, Prinzenrolle, Babybel-Käse, belegten Broten vom Vormittag etc. pp. Überall waren diese Essgruppen in der Halle zu sehen: 5000 Menschen aßen, erzählten und freuten sich.

Manche Wunder ereignen sich ganz einfach, wenn der Geist stimmt: der Teamgeist – der Spirit – der Heilige Geist der Christen, der sich – wie hier – im Teilen zeigt. Und siehe da: Am Ende waren wir alle satt. Einen weiteren Beweis für die Existenz des Heiligen Geistes habe 117 ich seitdem nie mehr gebraucht, auch wenn ich ihn seither noch unzählige Male bis heute gespürt habe. Wo Christen ihr Christsein leben, im Miteinander und Füreinander da sein, das ist er da. Einfach so. Unwiderlegbar.

TRINITÄT
oder
WIE BITTE?

....

»Trini – was?« Wenn man einen nicht-christlichen Menschen verwirren will, dann spricht man am besten über die Trinität. Die »Drei-Einigkeit« Gottes. Wie bitte? Drei? Einig? Was denn nun?

Da hilft es wenig, daran zu erinnern, dass diese Wortschöpfung auf den alten römischen Kirchenmann Tertullian zurückgeht. Seine Erfindung des Ausdrucks zeigt schon die Erklärungsnotlage, in der sich bereits die ersten Christen befanden. Dass es nur einen Gott gibt, ist die (damals) unbestrittene Grundlage des Wissens (nicht des Glaubens) gewesen. Gottes Existenz lässt sich durch die Existenz der Welt und unser selbst beweisen. Kein Mensch hat Himmel und Erde geschaffen, auch das Leben kommt nicht von uns. Da muss ein anderer dahinterstecken: Gott. Der Schöpfer. Ob man damals zur ägyptischen, jüdischen oder babylonischen Religion, zur griechischen oder römischen Philosophie blickte: Überall war die Überzeugung, dass es einen Schöpfergott gibt, unbestritten.

So weit, so gut. Dann kamen die Christen. Den Glauben an den Schöpfergott haben sie vom Judentum in sich gehabt; aber wie kommt nun Jesus in's Spiel? Sagte Jesus nicht, er sei mit Gott im Bunde? Zeigte nicht die Auferstehung, wie sehr Gott und Jesus sich nahe stehen? Einige Christen formulierten, dass mit Jesus »ein Stück« Gottes sichtbar auf dieser Erde lebte, handelte und predigte. Der unsichtbare Schöpfergott ist auf einmal ganz anfassbar mitten unter uns gewesen. Und damit steht Jesus als Abbild Gottes in der Welt wie eine zweite Person neben dem Schöpfergott. Da waren es schon zwei.

Nach Jesu Auferstehung spürten die ersten Christen einen besonderen Geist, einen Team-Spirit, den »Heiligen Geist«, wie Jesus ihn angekündigt hat. Der kommt ebenfalls von Gott. Und nun sind es drei göttliche Wesenheiten: der Schöpfer, Jesus und der Geist. Aber Gott ist doch nur einer. Oder? Bis heute gibt es im islamischen Denken den Vorwurf, Christen würden den Glauben an den einen Gott, den Monotheismus, in einen Drei-Götter-Glauben, also in einen Polytheismus, verwandelt haben.

Nach 200 Jahren Diskussion in der Christenheit versuchte Tertullian mit seiner Wortschöpfung eine Lösung sprachlich zu formulieren. Die Drei (lateinisch: tres) sind eine Einheit (lateinisch: unitas). Oder um es in einem Wort zu sagen: Sie bilden »Trinitatis« – eine Drei-Einigkeit. Die Drei sind eins! Aber nicht einer! Sie sind eins – in verschiedenen Aspekten.

Das hört sich nun wie echtes Theologengeschwätz an. Wie soll man das nur verständlich machen? Am besten fahren wir auf die Insel Föhr. Meine Frau und ich sind schon seit einigen Jahren regelrechte Föhr-Fans. Da machen nämlich alle Engel Urlaub; die anderen müssen nach Sylt! Einmal pro Jahr brauchen wir die kleine Insel. Frische Meeresluft – und das Wetter ist schietegal. Unser Golden Retriever flitzt den Strand hoch und runter und fühlt sich hundewohl. Alles, was man auf der Insel besichtigen kann, kennen wir schon. Dafür haben wir jede Menge Zeit, um zu lesen, zu spielen, Musik zu hören, Kreuzworträtsel zu lösen oder zu kochen. Kochen ist ja meine Leidenschaft: egal ob Lamm, Fisch oder Gemüse. Beim Aussuchen der Ferienwohnung ist deshalb die Küche von entscheidender Bedeutung. Fast immer sind die Kochlandschaften perfekt ausgerüstet. Nur meine japanischen Messer nehme ich von zuhause mit (und – einmal abgesehen von meinem ligurischen Olivenöl – das ein oder andere seltene Gewürz).

Unsere bisherige Premium-Wohnung hatte drei perfekte riesige Zimmer: die Küche (aus dem Fenster sah man das Meer), das Wohn- und Esszimmer (aus dem Zimmer sahen wir – mit unserem Hund) die so genannte »Hundewiese«; und bevor jetzt jemand meckert: Wir nehmen immer die »tierische Hinterlassenschaft« im Beutelchen mit zum nächsten Mülleimer. Vom Schlafzimmer aus sahen wir schließlich auf den bewaldeten Park.

Eine Wohnung, drei Fenster. Eine Wohnung, drei Landschaften. Einmal Föhr, aber in drei Sichtweisen.

Diese Ferienwohnung ist für mich bis heute das beste Beispiel, um zu veranschaulichen, was »Trinität« – »Dreieinigkeit« – bedeuten kann. So wie es genau *eine* Insel Föhr gibt, so gibt es auch nur *einen* Gott. Aber unsere Erkenntnis hängt stark von den Fenstern ab, durch die wir schauen. Das Meer, die grüne Wiese, der Park. Alles zusammen kann ich nicht sehen. Das ist unmöglich. Es geht nur zimmer- und fensterweise.

So ist auch mein Blick auf Gott. Gott in seiner Ganzheit kann kein Mensch sehen (das wussten übrigens schon die alten Griechen genauso wie die Menschen in Israel): Der Mensch, der Gott ganz anschauen könnte, würde wahnsinnig werden und sterben. Alte Regel: Kein Sterblicher kann Gott anschauen. Aber Gott in seinen »Teilaspekten« kann ich schon erkennen. Wenn ich mich über die Natur freue beim Laufen durch Watt und Dünen, dann kann ich mir Gott als Schöpfer denken.

Wenn ich erkenne, wie Menschen sich untereinander helfen und füreinander eintreten, dann denke ich an Jesus – und wie er seine Gottheit im Miteinander lebte. Wenn ich spüre, wie Menschen gemeinsam eine gute Sache anpacken, sich für Gerechtigkeit, Liebe und Frieden einsetzen und sich nicht bange machen lassen, dann spüre ich etwas von dem Geist Gottes, der uns antreibt und Mut macht. Drei Aspekte Gottes. Dreimal Gott – in je anderer Aufmachung und je anderer gedanklicher und sprachlicher Verpackung.

Also: rauf auf die Insel. Oder zu einem anderen Urlaubsort mit schönen Aussichten. Dass sich der dreieinige Gott dabei entdecken lässt, steht zwar in keinem Reiseprospekt, aber glaubenswichtige Hinweise kann man trotzdem überall finden.

TRAUUNG
oder
RINGE NICHT VERGESSEN!

Es war seine Abschiedsrede im Kreise der Pastorenkollegen. Der alte Pfarrer zog eine Woche vor dem Ruhestand seine Bilanz. Er begann mit den Worten: »Lieber fünf Beerdigungen als eine Trauung!« Das ist endlich einmal eine Ansage. Die Begründung folgte sogleich: »Die Paare verbinden mit der kirchlichen Trauung doch gar nichts Christliches mehr. Für die ist das reine Show nach amerikanischem Vorbild. Am besten mit Brautübergabe, die seit ›Dallas‹ und ›Denver-Clan‹ in Deutschland wieder beliebt geworden ist. Davor haben die emanzipierten Frauen niemals daran gedacht, sich vom alten Vater an den jungen Ehemann übergeben zu lassen wie eine Kuh auf dem Viehmarkt. Alles um der Show willen. Von wegen Glaube. Viel wichtiger ist ihnen, ob auch gefilmt werden darf. Und wo der Fotograf stehen soll. Und wann der Dudelsackspieler seinen Auftritt haben kann. Und ob die Blumenmädchen die Rosenblätter auf den Teppich streuen dürfen? Als Pastor bin ich nicht mehr als eine lebendige Zierpappel. Ein pastorales Modell, das zum Bild eben dazugehören muss.«

»Donnerwetter«, dachte ich. Da redet sich jemand mal den ganzen Pastorenfrust von der Seele. Ein bisschen konnte ich ihn sogar verstehen. Es gibt schon sehr abstruse Ideen, für die sich um die Brautleute beim Traugespräch alles dreht. Die Oma soll »Ave Maria« singen, weil sie bei Anneliese Rothenberger studiert hat. Sie sang dann tatsächlich, aber so schräg, dass Florence Foster Jenkins ihre Freude daran gehabt hätte. Das Studium bestand darin, dass die Oma zu Hause Annelieses Schallplatten laut mitgesungen hat. Oder ich denke an die Braut, die – als der Bräutigam beim Gespräch nach draußen ging – mir anvertraute, sie käme als Kleopatra zur Kirche. In der Tat: Sie sah aus wie die ägyptische Königin aus dem betreffenden Asterix-Heft. Mit goldener Kobra-Spange im Haar. Leider war das knöchellange blaue Wildseidenkleid so eng geschnitten, das sie nur in ganz kleinen Schrittchen zum Altar trippeln konnte. Und der geplante Kniefall für den Segen musste aus Gründen drohenden Stoffzerreißens am Popo leider ausfallen. Unvergesslich ist für mich auch die Trauung, bei der ich für das Brautpaar nach dem Gottesdienst die Kirchentür öffnete – und vor mir stand: ein kleiner Elefant. Eine echter. Mit Rosenstrauß im Rüssel! Ich dachte, mich tritt ein Pferd. Zum Glück aber nicht der Elefant. Des Rätsels Lösung: Elefanten waren das Lieblingstier des Brautpaares. Sogar auf der Einladung zur Hochzeit waren zwei rüsselverschlungene Dickhäuter zu sehen. Da hat die Brautgesellschaft zusammengelegt und einen kleinen Dumbo von Hagenbecks Tierpark per Tieflader anrollen lassen. Für schlappe 3000 Euro. Immerhin blieb noch Geld für die selbstgewählte Kollekte zu Gunsten des Kinderhospizes in Höhe von 9,80 Euro übrig.

Der Tag der Trauung ist eben der schönste Tag im Leben. Die boomenden Hochzeitsmessen beweisen es nur allzu deutlich. Aber ist das alles »nur« Show? Ich entdecke da noch etwas anderes.

Ein früherer Kollege erzählte mir, er würde die Paare immer zu sich in das Pfarrhaus zum Kaffee einladen. Dort stelle er ihnen immer zu Beginn die *eine* Frage:

»Warum wollen Sie sich *kirchlich* trauen lassen? Das Standesamt reicht ja schon.« Die Antworten, so meinte er, seien durchweg enttäuschend. »Entweder sagen die gar nichts oder: ›Weil das dazugehört‹.« »Neulich sagte doch glatt eine Braut zu mir: »Weil das schön ist.« Da sagte ich: »Das reicht mir nicht als Begründung!« Als der Kollege mir das erzählte, fühlte ich einen regelrechten Stich im Herzen. Meine Eltern hätten auch nichts anderes sagen können. Welche Antwort hätte denn dem Kollegen gereicht? Etwa: Wir wollen in den heiligen Bund der Ehe unter dem Segen Gottes gehen, der uns von nun an – bis der Tod uns scheidet – begleiten möge. Wer sagt denn so etwas? Wer kennt denn diese Theologensätze? Ich finde, die Begründung »Weil das schön ist« reicht vollkommen aus. Damit ist doch alles gesagt. Gäbe es keine kirchliche Trauung, dann wäre die Hochzeit einfach nicht »schön«. »Schön« ist sie nur mit der Kirche, vor dem Altar und den Kerzen, mit den Liedern und Gebeten, mit dem Ringwechsel vor dem Pastor im Talar, mit dem Segen unter Handauflegung. Dass das alles dazugehört, weiß jeder, der eine Trauung mit angesehen hat. Und so ist das eben »schön«. Vielleicht hätte man früher statt »schön« das Wort »heilig« verwendet.

»Ohne Kirche ist das keine richtige Trauung«, sagte die Braut zu mir. Meine Traugespräche führe ich immer gerne bei den Brautleuten in ihrer Wohnung. Denn eine Wohnung sagt mehr als tausend Worte. Auf den Schränken und Regalen, in den Bücher- und Spirituosenborden erkennt man die Vorlieben der beiden Verliebten sehr deutlich. Da treffen Diddelmäuse auf FC St. Pauli-Andenken; Parfümsammlungen (beginnend mit My Melody) stehen neben Single-Malt-Miniflaschen; Urlaubsfotos hängen neben Aquarellen aus dem Volkshochschulkurs. Und in der Mitte des Wohnzimmers: das Brautpaar. Mit dem Paar, bei dem für die Braut die Kirche zur Trauung einfach dazugehört, habe ich den Ablauf durchgesprochen. Sie wollten keine Brautübergabe durch den Papa, sondern wünschten sich ein Spalier der Gäste vor der Kirchentür, durch das sie dann als Hochzeitsleute schreiten. Unsere Gesprächsatmosphäre war fröhlich bis zu dem Moment, an dem ich einen fatalen Satz aussprach. Ich meinte es lustig, als ich am Ende zum Bräutigam sagte: » Dann vergessen Sie mal die Ringe nicht.« Augenblicklich war die Stimmung gestorben. Es war eisig still. Wenn Blicke einer Braut töten könnten, wäre ich jetzt nicht mehr da. »Was meinen Sie damit?«, fragte sie tonlos. »Glauben Sie im Ernst, mein Mann würde die Ringe vergessen?« »Nein, nein«, sagte ich, »das war nur ein dummer Spruch von mir. Sorry.« Aber nix mit Sorry. »Ich dachte, Sie wären ein netter Pastor. Und nun so was. Ich bin wirklich enttäuscht von Ihnen!« Ich entschuldigte mich nochmals, jetzt ebenfalls ganz ernst. Manchmal kommt mir etwas über die Lippen, was andere – ohne meine Absicht – verletzen kann, aber dafür muss ich mich auch entschuldigen dürfen. Bei der Braut kamen die ersten Tränen. Dann erzählte sie, dass ihre Eltern ganz und gar gegen ihren künftigen Ehemann eingestellt seien. »Der ist unzuverlässig«, hätten sie gesagt. »Heirate den nicht.« Das hatte das Paar mir vorher im Gespräch natürlich nicht gesagt. Ich konnte die Braut nur mit dem Hinweis trösten, dass sich so manches Zusammensein mit den (Schwieger)Eltern und dem neuen Partner erst wie ein guter Wein mit der Zeit entwickeln kann.

Es kam der Tag der Trauung. Rechtzeitig erschienen die Hochzeitsgäste, um das Spalier vor der Kirchentür zu bilden. Dann fuhr der Mercedes mit Braut und Bräutigam vor. Feierlich und glücklich schritten sie durch die Mitte bis zur Tür, wo ich sie erwartete. Um nicht wieder von den Ringen zu reden, hielt ich nach der Begrüßung im Türbogen die silberne Ringschale dem Bräutigam hin. Und der fing an zu suchen. Und er suchte und suchte und suchte. Zum ersten Mal im Leben sah ich ein Paar gleichzeitig erbleichen. Er durchfummelte alle Hosen-, Westen- und Jackettaschen. Ich ahnte Arges und es kam noch ärger. Die Ringe waren nicht da. Die Hochzeitsgesellschaft hatte noch nichts gemerkt. Lächelnd (für die Gäste) steckte ich meinen Kopf zwischen die beiden und fragte leise: »Wo liegen sie?« »Ich glaube auf dem Schrank im Schlafzimmer«. »OK«, flüsterte ich (weiter lächelnd), »Hausschlüssel her!« Dann wandte ich mich an den neben mir stehenden Küster, drückte ihm den Hausschlüssel in die Hand, flüsterte ihm die Adresse zu mit dem Auftrag, die Ringe aus dem Schlafzimmer zu holen. Küster sind wunderbare Menschen. Die treusten Mitarbeiter der Kirche (Küsterinnen übrigens auch). Ich flüsterte (immer noch lächelnd) zum Brautpaar: »Alles wird gut; wir fangen jetzt erst mal an.« Und mit einem Stoßgebet meinerseits zogen wir ein. Das bleiche Paar nahm vorne Platz und ich gab mein Bestes … um den Gottesdienst so lange zu strecken, bis der Küster wieder da war. Wir haben gesungen bei jeder Gelegenheit und was das Zeug hält. Unser Organist hat sich zwar gewundert, aber alles wunderbar begleitet. Alle Strophen vom »Danke-Lied«, von »Lobe den Herren«. »Geh aus mein Herz und suche Freud« hat immerhin 15 Strophen. Ich war gewillt, sie notfalls alle singen zu lassen mit der

Begründung: »Das hat noch keine Hochzeitsgemeinde gemacht.« Dann endlich nach der vierten Strophe erschien der Küster hinten in der Tür. Er reckte seinen Daumen hoch, legte (nur für mich sichtbar) die Ringe in ein Gesangbuch und brachte mir das nach vorne. Dass ich schon die ganze Zeit ein Gesangbuch in der Hand hatte, bemerkte zum Glück niemand. Nun waren die Ringe da. Das Brautpaar hat es sofort erkannt – und aus dem bleichen Teint wurde eine feierliche Röte. Die Gemeinde – vor allem die Eltern der Braut – hat nichts gemerkt. Gott sei Dank.

Einige Wochen nach der Trauung lud mich das Paar zu einem Abendessen ein. Sie zeigten mir die Hochzeitsfotos und bedankten sich noch einmal herzlich für die gelungene Ring-Rückholaktion.

Wieder war es die Braut, die sagte: »Beim Segen, als wir die Ringe am Finger hatten und niemand es bemerkt hatte; als wir da knieten und Sie die Hände auf unsere Köpfe gelegt haben: Da habe ich wirklich etwas gespürt. So was wie Wärme und Schutz. Als wenn der große Gott uns wirklich in diesem Moment ansieht; und ich glaube, er hat sogar dabei gelacht.«

REFORMATIONSTAG
oder
GRUSELCLOWNS

....

»Wer von Euch kennt Martin Luther?« Mit dieser Frage begann ich in der 5. Klasse der Orientierungsstufe Nienburg/Weser meine Karriere als Religionslehrer. Nein, ich wollte nicht Lehrer werden, sondern Pastor. Trotzdem muss man als angehender Pastor ca. drei Monate lang im Schuldienst lernen, wie man als Lehrer agiert, Stunden vorbereitet und sich nicht über Schüler-Innen ärgert.

Ich bekam von der Schule eine Einheit zum Thema »Reformation« auf's Auge gedrückt – und schon stand ich da vor 25 Kindern und los ging's: »Wer von Euch kennt Martin Luther?« Meine Eingangsfrage ergab ahnungsloses Schweigen, bis sich ein Junge erbarmte und sagte: »Keine Ahnung. Ich glaube, der muss vor mir eingeschult worden sein!« Das stimmte zwar, war aber nicht ganz die von mir erhoffte Antwort. Nur ein Mädchen wagte sich mit einer Aussage weiter nach vorne. »Ich glaube, der hat das Alte Testament in's Neue Testament übersetzt.« Theologisch nun ist diese Antwort äußerst spitzfindig, aber ich befürchte, das Mädchen war sich dessen nicht bewusst.

Bewusst war mir als kleiner Junge schon, dass ich evangelisch bin. Oma hatte eine dicke, alte Lederbibel auf dem Wohnzimmerbuffet liegen. Immer, wenn ich diesen voluminösen Schinken betrachtete, sagte sie unaufgefordert dazu: »Die ganze Heilige Schrift von Dr. Martin Luther übersetzt.« Und dann kam hinterher:

»Wir sind evangelisch.« Daneben – so wurde mir gesagt – gäbe es auch ein paar Katholiken. Deren Bibel ist nicht in deutscher Sprache, sondern auf Lateinisch geschrieben. Außerdem müssten Katholiken jeden Sonntag zum Gottesdienst, auch die Kinder, und der dauere den ganzen Vormittag. Dabei würden andauernd Weihrauch und Kerzen angezündet. Und – wehe! – ein Katholik kommt nicht, dann bekommt er Ärger!

Das Wort »Ökumene« war in meinem Elternhaus nicht einmal ein Fremdwort; es kannte einfach keiner! Dafür kannte man Martin Luther, und wenn meine Großmutter keine Geschichten der Gebrüder Grimm mehr auf Lager hatte, dann erzählte sie vom Reformator. Der Blitzschlag von Stotternheim, sein Thesenanschlag und der Tintenfleck gegen den Teufel auf der Wartburg: Das waren schon tolle Stories. Auch Luthers Wort »Hier stehe ich, ich kann nicht anders« wurde als absolut historisch weitererzählt.

Einmal im Jahr war Luther auch in der Grundschule wichtig. Dann gingen wir mit der Klassenlehrerin Frau Kienert in der ersten großen Pause geschlossen zur Dorfkirche. »Heute ist Reformationstag«, hieß es. Doof fanden wir nur, dass die beiden katholischen Mitschüler dann schon nach Hause gehen durften. »Die glauben doch gar nicht an Luther. Und zur Belohnung dafür haben die auch noch frei!« Konfessionelle Grabenkämpfe gibt es manchmal eben schon im Grundschulalter, und dazu wohnten wir noch nicht einmal in Osnabrück oder Paderborn, sondern in Jesteburg, in der Lüneburger Heide.

Martin Luther kam dann später noch einmal im Geschichtsunterricht der Mittelstufe vom Gymnasium vor. Reformation war nun ein politisches Geschehen; die Bibelübersetzung wurde aber – wie in der Kindheit – mal wieder hervorgehoben. Diese Betonung wiederholte sich zum letzten Mal in der Oberstufe im Deutschunterricht. Was hat der gute Luther nicht alles für schöne Wortschöpfungen in der deutschen Sprache erdacht, die wir bis heute kennen und zitieren (ohne dabei an den Reformator zu denken): Nächstenliebe, Fleischtöpfe Ägyptens, Dorn im Auge, sein Herz ausschütten, Lückenbüßer, Gewissensbisse, Jugendsünden, Fallstrick, herzzerreißend, ohne Ansehen der Person. Selbst wenn »die Haare zu Berge stehen«, zitieren wir Luthers deutsche Übersetzung der Bibel. In der Tat: Kein anderer hat die deutsche Sprache so nachhaltig geprägt.

Dann kam das Theologiestudium, und für einen evangelischen Studenten des Faches kommt Luther somit ziemlich häufig auf dem Lehrplan vor. Man kann im Studium derart zugeluthert werden, dass man sich – wie ich – dann über Orientierungsschüler wundert, die kaum noch was vom Wittenberger Herrn wissen. Da ich ein Fan von Erinnerungskultur bin, kann ich mich deshalb auch über den Reformationstag freuen. Einen Luther-Heiligen-Kult gibt es zum Glück nicht (mehr); aber die Erinnerung an einen Menschen, der mit dem Gedanken an die Freiheit eines (Christen)Menschen viel bewegt hat, ist ebenso wichtig wie das Aufzeigen der Schattenseiten eines großen Denkers. Sein Judenhass und Hexenwahn können auch uns heute daran erinnern, in welchen bösen Zeitgeistern wir selbst in der Gegenwart gefangen sind.

Apropos Gegenwart: Wenn am 31. Oktober die Glocken zur Reformationsandacht läuten, sind viele Menschen, vor allem Kinder, in anderer Mission am Abend unterwegs. Im heutigen Bewusstsein ist der letzte Tag im Oktober nicht mehr mit der Reformation verbunden, sondern mit Halloween. Die Ursprünge des Festes im alten, katholischen Irland sind fest in religiöser Hand. Die armen Seelen im Fegefeuer hoffen auf Erlösung durch Gebete und (Luther lässt grüßen) Ablässe, die hier auf Erden für sie gekauft werden. Als viele Iren nach Amerika auswanderten, nahmen sie ihr Fest namens »All Hallows's Eve« (Aller Heiligen Abend) mit. So entstand das moderne »Halloween«. Kinder, verkleidet als arme Seelen bzw. untote Zombies, erbitten allerdings keinen Ablass mehr zur Erlösung, sondern Süßigkeiten. »Süßes, sonst Saures!« So lautet die einfache Formel – und man tut gut daran, Süßes parat zu haben, wenn man keine zerschmissenen Eier von der eigenen Haustür putzen will. Denn aus dem ursprünglich harmlosen Kinderspiel aus den USA ist – vor allem in Städten – eine Form von gesellschaftlich anerkanntem Vandalismus geworden. Die neuste Erfindung ist die des so genannten Gruselclowns. Der Halloween-Horror-Klassikerfilm mit der Killerfigur des Michael Myers von John Carpenter lässt ebenso grüßen wie der Clown Pennywise von Stephen King.

Historisch gesehen hat es nur einen Gruselclown gegeben. Der hieß Johannes Tetzel und verkaufte zu Luthers Zeiten Ablassbriefe. Um die Leute vom Kauf zu überzeugen, erzählte Tetzel drastische Gruselgeschichten über das Leben nach dem Tod, über das drohende Fegefeuer und die Hölle. Wer je entsprechende Bilder von

Hieronymus Bosch gesehen hat, kann sich – im wahrsten Sinne – die Predigtszenen von Tetzel ausmalen. Ablassbriefe konnte man für verstorbene Angehörige kaufen, um deren jenseitige Qualen zu mildern, aber auch für sich selbst; sogar für Sünden, die man noch gar nicht begangen hatte (quasi als Rabattmarkenheft). Luther war über die Unverfrorenheit von Tetzels angeblich theologischer Argumentation so erbost, dass er sich an jenem 31. Oktober 1517 schriftlich an seinen »Dienstvorgesetzten«, Bischof Albrecht zu Mainz und Brandenburg, wandte, ohne zu wissen, dass dieser der eigentliche Hauptdrahtzieher hinter Tetzel war.

Der Rest der Geschichte ist bekannt: Anzeige gegen Luther in Rom, Vorladung zum Reichstag, Wartburg, Ausbreitung der Reformation (mit der gleichzeitigen Verbreitung der Bibel in deutscher Luthersprache). Der Gruselclown Tetzel konnte sein Werk nicht mehr erfolgreich fortsetzen. Gott sei Dank.

Heute verkleiden sich Erwachsene und Kinder wiederum, um ahnungslose Menschen in Angst und Schrecken zu versetzen. Entweder bin ich schon zu alt geworden, um das lustig zu finden, oder es ist einfach nicht lustig! Ich möchte das jedenfalls nicht erleben. Und so bekommen harmlos als Gerippe verkleidete Kinder ihr süßes Geschenk, wenn sie bei mir, dem evangelischen Pastor, klingen. Dass es sich dabei um »Lutherbonbons« handelt, merken sie hoffentlich zu Hause beim Auspacken.

Meine Überraschung erlebte ich vor der Andacht am Abend. »Das singe ich nicht! Nie und nimmer!«, sagte die Frau zu mir vor der Kirchentür. »Ich verstehe auch gar nicht, warum ›Ein feste Burg ist unser Gott‹ immer noch in der evangelischen Kirche gesungen wird. Das ist doch unmenschlich, was da gesagt wird.« Ich frage nach. »Was stört Sie denn so sehr?« »Na, die 4. Strophe. Haben Sie mal überlegt, was da gesungen wird? *Nehmen sie den Leib, Gut, Ehr, Kind und Weib: lass fahren dahin, sie haben's kein' Gewinn.* Ich sing das nicht!«

In der Tat. Der Text wirkt tatsächlich schrill, um nicht zu sagen: familienfeindlich. Über »Gut und Ehr« kann man ja noch streiten, aber dass tatsächlich »Leib, Kind und Weib« so überflüssig sind, dass man sie »dahinfahren« lassen kann, das ist wirklich schwer verdaulich.

Zur Rettung des Lutherliedes wird gerne (und zu Recht) auf die Entstehungsgeschichte verwiesen. Es erschien zum ersten Mal 1529 in einem Gesangbuch. Luthers Ausgangsidee war die Vertonung von Psalm 46. »*Gott ist unsere Zuversicht und Stärke, eine Hilfe in den großen Nöten, die uns getroffen haben, darum fürchten wir uns nicht, wenn gleich die Welt unterginge*«, so lautet der Anfang. Ein Durchhaltepsalm, wenn man so will. Der Psalmbeter im Alten Testament fühlt eine (körperliche) Bedrohung, gegen die er nur seinen starken Glauben als Schutz aufbieten kann. Von »Kind und Weib«, die man getrost vergessen soll, ist im Psalm noch nichts zu finden. Die Glaubenszuversicht hat Luther aber erkennbar bei seiner Komposition, deren Melodie er auch persönlich ersann, geleitet. Gott ist die »feste Burg«, »Wehr und Waffen« gegen die Feinde, die er unter der (bis heute) vielzitierten Wendung »der alt böse Feind« zusammenfasst.

Wen hatte Luther mit dieser Formulierung 1529 im Auge? Autobiographische Äußerungen Luthers liegen nicht vor. Allerdings zeigt ein Blick in das damalige politische Weltgeschehen wie in Luthers privates Leben den ein oder anderen Anhaltspunkt.

1529 standen die Türken vor Wien. Ein politisches Ereignis, das bei vielen Frommen Gedanken an die Endzeit und das bevorstehende Jüngste Gericht aufkommen ließ. Wenn Gott es zulässt, das die muslimischen (also: heidnischen!) Türken vor der europäischen Weltstadt Wien auftauchen und sie einzunehmen drohen, dann ist nicht nur der Untergang des Abendlandes zu befürchten. Dann sind das (man blicke in die »Offenbarung des Johannes«) die Vorboten zum Weltuntergang. Gottes Strafgericht geht über den Erdenkreis. Und vor den Türken kann jetzt höchstens nur noch Gott selbst helfen, indem Gott seinen eigenen Untergangswillen zurücknimmt.

Luther sah eine weitere Bedrohung der Reformation in einem Erstarken der »Altgläubigen«, wie man die verbliebenen Katholiken im Reich nannte. Dass die Reformation mit der deutschen Bibelübersetzung einen erfolgreichen Sturmlauf in Gang setzen würde, an dessen Ende ganz Deutschland sich Luthers Meinung anschließen wollte, war nicht zu erwarten. Kaiser und die katholischen Kurfürsten und Reichsstände zeigten sich überzeugungsresistent. Die Reformation stagnierte in ihrem Voranschreiten. Für Luther zählte jetzt ein trotziges Festhalten am Errungenen; »der alt böse Feind« konnte auch im Papst von Rom erkannt werden.

In Wittenberg ängstigte man sich zu der Zeit wegen des Wiederauftretens der Pest. Die Pestgefahr im 16. Jahrhundert war allgegenwärtig und lässt sich mit heutiger Erfahrung kaum noch nachfühlen. Brach die

Pest in einer Kleinstadt aus, konnte man eigentlich nichts anderes tun als fliehen. Wer blieb und medizinisch half bzw. Seelsorge leistete (wie Luther), der musste mit dem baldigen Tod rechnen: und »bald« hieß: morgen oder übermorgen! »Laß fahren dahin!« machte in diesem Kontext einen Sinn, wenn auch nur einen traurigen. Wenn Dir der Tod Deine Familie nimmt, ist das eine Katastrophe, aber (so hart es klingt): Das Leben geht weiter. Gott hat Dich unbegreiflicherweise verschont, nicht um zu verzagen, sondern um weiter zu leben! Wie schwer das ist, musste Luther selber erfahren. Sein geliebtes Töchterchen Elisabeth starb 1528, noch nicht einmal ein Jahr alt. Luthers Briefe aus dieser Zeit zeigen sein gebrochenes Herz und sein inneres Kämpfen mit Gott. Eine theologische Unterscheidung, die Luther 1525 zum ersten Mal beschrieb, sollte nun für ihn selbst von Bedeutung werden. Gott hat nicht nur eine, sondern zwei Seiten! Es gibt einen »verborgenen Gott«, dessen Handeln uns grausam und unerklärlich erscheint. Vor diesem Gott in Gott können wir nur zu dem anderen fliehen. Das ist der »offenbare Gott«. Der hat sich in Jesus Christus gezeigt. Es handelt sich um den Gott der Liebe und der Vergebung. Der Gott, der Dir nicht nur Dein Leben, sondern auch alles Schöne im und zum Leben gibt. Man lese einmal die Erklärung Luthers im Kleinen Katechismus bei der Erklärung zur Vaterunserbitte »Unser täglich Brot gib uns heute«: auch »Essen, Trinken, Kleider, Schuh« sind Gnadengaben Gottes ebenso wie »gut Wetter, Friede, Gesundheit« sowie »gute Freunde, getreue Nachbarn«. Ach ja: »fromme Eheleute, fromme Kinder« gehören auch dazu. Von wegen »Laß fahren dahin, sie haben's kein' Gewinn«. Sie sind ein Gottesschatz in unserem

Leben. Nur – in lebensbedrohlichen Zeiten – müssen wir mit der harten und nur im Glauben zu ertragenden Erkenntnis leben, dass auch sie sterben können, während wir weiterleben.

Luthers Lied hat kurz nach seinem Erscheinen eine Erfolgsgeschichte hingelegt. Bald stand es in jedem evangelischen Gesangbuch. Heinrich Heine und Friedrich Engels haben es gar mit der französischen »Marseillaise« verglichen: ein Kampflied des evangelischen Glaubens.

Nun ja. Das Lied reizt zur Auseinandersetzung und zum Kennenlernen der Lebensumstände Luthers und seiner Zeitgenossen. In der Andacht am Reformationstag habe ich das Lied übrigens wieder mitgesungen. Ob die erboste Frau mitschwieg, weiß ich nicht, aber falls ich sie treffe, erkläre ich ihr gern den Hintergrund.

RECHTFERTIGUNG
oder
IN DER S-BAHN

....

Er war Professor und gleichzeitig Rektor der Techni-
schen Universität Clausthal. Als neuer Studentenpfarrer stellte ich mich bei ihm vor. Im ehrwürdigen Rek-
torenzimmer der ehrwürdigen früheren Bergakademie
im Oberharz wurde ich fürstlich empfangen: mit einer
Tasse Kaffee und einem Keks aus der Vorkriegszeit. Der
Rektor war allerdings recht frisch und nett. Nach den
üblichen Höflichkeiten überraschte er mich allerdings
mit einer unerwarteten Frage: »Sagen Sie mal, neulich
las ich ein Wort in einer Zeitung, das kenne ich nicht.
In der Kirche geht es um ›Rechtfertigung‹. Was ist das?
Das hört sich irgendwie nach Gerichtsverhandlung
und Staatsanwaltschaft an.« Was für eine Frage, doch
wie soll ich sie kurz beantworten? Hätte mich der Herr
Rektor nach dem Ersten oder Zweiten Hauptsatz der
Thermodynamik gefragt, würde er sich wohl noch heute
über meine prompte Antwort wundern. Aber »Rechtfertigung«? Ein Lieblingsthema für Theologen und das
Angstthema für Examenskandidaten bei der schriftli-
chen Prüfung.

Um es mit Luther zu sagen: Es geht um den »gerechten
Gott«. Nicht, dass Gott gerecht sein müsste (das ist er
hoffentlich schon); nein: Wie können *wir* uns vor Gott
blicken lassen? Wann und wie sind wir »gerecht« vor
Gott? Die Geschichte des Christentums ist voller Antworten auf diese Frage. Wir sind gerecht, weil: a) Gott
das so will; b) Gott dazu Jesus auf die Erde schickte, um

für uns zu sterben; c) wir die Frage nicht beantworten können; d) Gott unser »Gerecht-Sein« schon im Alten Testament beschlossen hat; e) Dogmatiker ein schönes Thema für ihre dicken Bücher brauchen, die ohnehin keiner liest.

Scherz beiseite! Ernsthaftigkeit ist gefragt. Wie kann ein kleiner, endlicher Mensch vor dem großen Gott bestehen? Die Frage treibt Menschen – egal ob religiös oder philosophisch gesinnt – seit Urzeiten um. Dass wir im Leben hinter unseren eigenen (und auch vor den vorgegebenen) Ansprüchen hinterherhinken, ist wohl allen klar. Kein Mensch geht über die Erde und durch das Leben ohne Fehler, ohne Schuld, ohne Lüge, ohne »Sünde« (wie man früher sagte). Wir haben – jeder für sich – einiges auf dem Kerbholz. Und wie beim Kneipenwirt wird auch einmal beim Herrgott die Strichliste angeguckt und abgerechnet. Wie willst du dann bestehen? Was kannst du als Gegenleistung anbieten? Gute Werke? Naja, ein paar gelungene Taten fallen mir da schon ein, aber reichen die? Die frühen Christen haben als »Gegenleistung« sogleich Jesus in's Spiel gebracht. Der hat sich doch für seine Jünger geopfert; das hat er auch für uns getan. Jesus als »Satisfaktion« – als Genugtuung. Auch ich habe im Studium diese Begründung gelernt. Und mit meinen Zweifeln dagegen gekämpft. Wenn mich schon ein Mensch einfach nur liebt – trotz meiner Fehler, dann kann das Gott doch wohl auch. Warum muss dann einer sterben? Muss Blut fließen auf grausamste Weise? Nein, das passt nicht in meinen Glauben, auch wenn ich die alten Sühnevorstellungen (vom Alten Testament bis hin zu Anselm von Canterbury) in ihrem Zeitgeist verstehe. Gott ist für mich die Liebe, die bedingungslos annimmt. Das hat Gott letztlich mit Jesus gezeigt. Jesus musste nicht sterben, damit Gott mich lieb hat; er ist gestorben, weil die Menschen damals sein Leben und Glauben für die Liebe nicht aushalten konnten. Wahrscheinlich würde das heute wieder passieren (der Großinquisitor von Dostojewski lässt grüßen!)

Da sitze ich als Student der Theologie mit einer dicken Dogmatik (= Glaubenslehre-Buch) in der S-Bahn. Öffentlicher Nahverkehr ist die beste Schule für angehende Pastoren. Was man da alles erleben kann, wissen nur diejenigen, die sich – Tag für Tag – in den Trubel stürzen. Heiratsanträge, Scheidungsankündigungen, Messerstechereien, Kreislaufzusammenbrüche: all inclusive. Und dann die folgende Szene:

Spät am Abend saß ich in der Hamburger S 3 vom Jungfernstieg nach Harburg. Am Hauptbahnhof stiegen viele Jugendliche ein, die alle etwas vornehmer gekleidet waren. Vermutlich gehörten sie in eine 7. oder 8. Schulklasse, die eine Aufführung im Schauspielhaus besucht hatte. Drei Mädchen setzten sich zu mir in die Eckbank. Während zwei von ihnen munter quasselten, guckte die dritte von Anfang an stumm und irgendwie traurig aus dem Fenster. Nach kurzer Zeit fingen ihre Klassenkameradinnen an, sie zu ärgern. »Guck mal, die beleidigte Leberwurst! Die redet nicht mehr mit uns!« Im Laufe der Fahrt wurde sie immer forscher. Doch erst als eine von ihnen an den Haaren zog, brach sie ihr Schweigen. Sie sah die beiden an und sagte scharf: »Wenn ihr mich nochmal anfasst, dann knallt's!« Und wieder sah sie aus dem Fenster. Die beiden kümmerten sich nicht um das Gesagte und machten mit ihrer Hänseltour weiter. Aber als sie ihr wieder an den Haaren zogen, passierte es: Wie ein Blitz schnellte ihre Hand vor und eine der beiden Lästerschwestern hatte eine schallende Ohrfeige sitzen. Selbst ich als Nachbar zuckte zusammen. Die beiden sprangen auf, zeterten und setzten sich woanders hin. Inzwischen hielt der Zug in Wilhelmsburg. »Zurückbleiben bitte«, sagte die immer gleiche Tonbandstimme am Bahngleis. Das Mädchen sah wieder nach draußen in die Nacht. Da kam von hinten eine andere Klassenkameradin. Diese setzte sich neben das Mädchen und sagte ... kein einziges Wort. Und da fing sie am Fenster leise zu weinen an. Die Klassenkameradin suchte ihr ein Taschentuch aus der Handtasche und reichte es ihr schweigend. Als ich in Harburg am Bahnhof ausstieg, blieben sie noch weiter sitzen. Zuletzt sah ich noch, dass das traurige Mädchen der anderen etwas erzählte. »Reden ist Silber, Schweigen ist Gold!«, sagt man.

So geht Rechtfertigung.

Das steht nicht im dicken alten Dogmatik-Buch.

Das passiert, wo ein Mensch den anderen in seiner – großen oder kleinen – Not sieht und einfach nur da ist. So wie das dazugekommene Mädchen hat das auch Jesus gemacht; und Gott macht es auch so, falls wir mit ihm in der S-Bahn sitzen – oder unsere letzte Fahrt antreten. Er ist einfach nur da. Für uns. Mit Taschentuch. Und alles wird gut.

SÜNDE
oder
ZWISCHEN SEX UND STEUER

....

Der Gottesdienst ist zu Ende. Ich stehe am Ausgang der Kirche und verabschiede die Besucher. Viele nutzen den Spätsommer, um vor der Kirche noch eine Tasse Kaffee zu trinken. Unser »Kirchencafé« ist jeden Sonntag geöffnet. Als ich mich dazugesellen will, verlässt noch ein Herr die Kirche. Er hat wohl mit Absicht gewartet, um als Letzter zu mir zu kommen. Ich kenne ihn nicht, aber bis heute vergesse ich ihn nicht. Er, ca. 60 Jahre alt, fragt: »Darf ich Sie unter vier Augen sprechen?« Wir gehen in einen kleinen Raum neben der Sakristei. Er kommt sofort zur Sache: »Ich möchte die Beichte ablegen.« Was für ein altes Wort: Beichte. Selbst als Pastor höre ich es kaum. In meiner Ausbildung lehrte man mich, vom »seelsorgerlichen Gespräch unter psychologischen Kriterien« zu sprechen. Da gibt es eine ganze Reihe von psychologischen Fußballschulen, die sich alle nicht grün sind und gegeneinander streiten, um in der Champignons League, d.h. der Pastorenausbildung, zu spielen: partnerzentrierte, klinische sowie systemische Psycho-Seelsorgeansätze. Das Wort »Beichte« kommt da nicht mehr vor.

Der Mann fährt fort: »Ich habe gesündigt in Gedanken, Worten und Werken.« Erneut eine alte, ehrwürdige Formulierung. Ob der Mann sie als Kind oder im Konfirmandenunterricht gehört hat? Manchmal helfen solche Formeln, wenn man nicht weiß, wie man sich ausdrücken soll. Er erzählt mir sogleich seine

Geschichte, die er sich wohl schon oft selbst erzählt hat. Ohne Stocken läuft sein Film ab. Seit 30 Jahren ist er verheiratet. Seine Frau ist in den letzten Jahren dement geworden. Oft erkennt sie ihn gar nicht mehr. Er pflegt sie. Doch irgendwann konnte er es körperlich nicht mehr stemmen. Er macht eine Kur. Dort lernt er – man ahnt es schon – eine andere Frau kennen. Sie reden und spazieren, sie lachen und schlafen miteinander. Zwei Wochen später sind die Kur und ihre Affäre vorbei.

Zu Hause bricht für ihn eine Welt zusammen. Er hat seine Frau betrogen. Und ihm fällt auf: Sein ganzes Leben ist Lug und Trug. Seine weißgeglaubte Lebensweste ist überall befleckt. Angefangen mit der jährlichen Steuererklärung. Da trickst er, was er kann. Und dann ist da noch der Alkohol. Schon seit Jahren nimmt er eine kleine Mineralwasserflasche mit in die Firma; gefüllt mit Wodka, »weil man den nicht riechen kann«. Aber Autofahren kann er noch, obwohl er weiß: eine Kontrolle, und der Führerschein ist weg. Immer diese Lügen. Er kann sich morgens beim Rasieren nicht mehr im Spiegel ansehen. Er ist sich selbst leid. Nun ist der »point of no return« gekommen. Er bittet Gott um Vergebung seiner Sünden.

Bis heute kann ich nicht erklären, was ich nun sagte. Ich versuchte kein Gespräch über Sex, Steuern und Schnaps. Wie er mit alten Formulierungen seine Geschichte zu erzählen begann, habe auch ich nun zu gediegenen Worten gegriffen. »Bereust Du von Herzen Deine Sünden?« »Ja.« »Glaubst Du, dass die Vergebung, die ich Dir zuspreche, Gottes Vergebung ist?« »Ja.« »Dann spreche ich Dich von Deinen Sünden frei, ledig und los. Geh hin und sündige nicht mehr.«

Wir beten das Vaterunser und ich spreche ihm den Segen Gottes zu. Dann erheben wir uns; er reicht mir die Hand und verbeugt sich tief. Und geht.

Ich hänge den Talar an die Wand der Sakristei und gehe zum Kirchencafé. Die Konfirmanden jagen Pokemons mit ihren Smartphones; die Erwachsenen unterhalten sich fröhlich. Meine Nachbarn sind auch da und fragen, ob sie mich mit dem Auto nach Hause mitnehmen sollen. Daheim geht mir die Beichte nicht aus dem Kopf. Also überrede ich Sam, den Golden Retriever, zu einem langen Waldspaziergang. Er ist ein guter Zuhörer. Wie sieht eigentlich meine Lebensweste aus? Auch ich kenne Verfehlungen noch und nöcher. Meine erste Ehe ist zerbrochen; Alkohol in den Zeiten der Krise ist mir von früher auch bekannt; nur das Betrügen mit der Steuer habe ich nicht gemacht (da bin ich wohl schon immer zu doof gewesen, um zu tricksen). Und große und kleine (Not)Lügen begleiten auch meinen Alltag als Pastor. Das weiß ich, wenn ich jedesmal bei der Vaterunserbitte »Und vergib uns unsere Schuld« einen kleinen Atemzug lang innehalte und hoffe, dass Gott mir wirklich vergibt.

Aber wo liegt der Unterschied zwischen einem Fehler, einer Schuld und einer Sünde? Über diese Frage konnten Theologen schon immer trefflich streiten. Ich meine: Eine Sünde erkennt man nur mit seinem Gewissen. Das Gewissen ist wie ein Kompass, und die Nadel ist ausgerichtet auf den christlichen Nordpol. Der liegt in dem einen Gebot: Du sollst Gott lieben und deinen Nächsten wie dich selbst. Wenn ich willentlich und arglistig dagegen verstoße, dann bin ich in der Realität der Sünde angekommen. Davon kann ich mich nicht alleine befreien. Dazu hilft nur das Reden mit einem Menschen, der im Auftrag Jesu die Vollmacht zum Vergeben hat. Übrigens: Das muss kein Pastor sein. Kein anderer als Martin Luther wies darauf hin, dass jeder seinem Nächsten im Namen Gottes vergeben kann – im Namen Gottes. Denn im Glauben ist jeder für den anderen ein Christus.

EWIGKEITSSONNTAG
oder
OMA LEBT JETZT IN LA

....

Das Ehepaar wirkte von Anfang an nervös. Der Mann, einziger Sohn der verstorbenen Mittsechzigerin, am meisten. Er hatte sich schon um 15 Uhr, als ich zum Trauerbesuch kam, einen großen »Hine XO Antique« eingeschenkt. »Möchten Sie auch einen?«, fragte er. Ich verneinte, freute mich aber auf den Kaffee, den mir seine Frau anbot. Noch mehr schien sie sich zu freuen, nun für eine gewisse Zeit in der Küche verschwinden zu können. Der Mann erzählte mir sofort und in akademischer Kürze vom Tod seiner Mutter. Sie hatte vor drei Wochen einen Herzinfarkt, lag seitdem im Krankenhaus. Dort hätte die Familie sie täglich besucht und auf das Beste gehofft. Dann kam der Anruf von der Station mit der Todesnachricht wie aus heiterem Himmel. Sie war doch so lebenslustig und hatte noch so viel vor; nicht nur für sich, sondern auch mit den beiden Enkelinnen, acht und sechs Jahre alt. Die Frau kam zurück, servierte den Kaffee und er schenkte sich noch einen Cognac nach. In einem Schluck trank er ihn aus (einen Hine in einem Schluck; was für ein Frevel!), als müsse er sich ordentlich Mut antrinken. Irgendwas würde jetzt kommen, das war mir klar.

Der Mann schaute seine Frau an und fuhr dann fort. »Die Trauer ist nicht unser Problem. Aber unsere Kinder. Die beiden Enkel waren so in ihre Oma vernarrt – und umgekehrt. Sie haben so viel gemacht: Geschichten vorlesen, Verstecken spielen, in's Kino fahren, Kuchen backen, zum Pizza essen nach Hamburg düsen. Sie haben ihre Oma auch jeden Tag im Krankenhaus besucht mit selbstgemalten Bildern.« Der Mann holte jetzt tief Luft. »Dass sie gestorben ist, haben wir unseren Töchtern noch nicht erzählt, und wir werden das auch nicht tun! Meine Frau hatte eine gute Idee. Wir sagen den Kindern, der Arzt habe Oma zu einer Kur nach Los Angelos geschickt; LA in Kalifornien. Eine Freundin meiner Frau fährt demnächst im Urlaub dahin und könnte den Kindern von dort eine Ansichtskarte schicken – so, als hätte Oma sie geschrieben. Darin schreibt sie, dass es ihr hier im Sonnenklima so gut gehe, dass sie nun dort ihren Lebensabend verbringen möchte. Dass Oma gestorben ist, erzählen wir ihnen erst in fünf oder sechs Jahren, wenn sie es begreifen können. Nicht doch einen Cognac?« Jetzt nahm ich einen.

Ich habe in Trauergesprächen schon so allerhand erlebt. Eine Frau beichtete mir, sie habe ihren Mann »ermordet«. Nicht mit Messer oder Pistole, sondern mit Whiskey. Er habe sie die ganze Zeit ihres Ehelebens verprügelt, alle Nachbarn wussten, was es bedeutet, wenn sie wieder mit Sonnenbrille zum Einkaufen ging. Nun diagnostizierte der Arzt bei ihm Leberkrebs im Endstadium. Höchstens noch ein halbes Jahr. Striktes Alkoholverbot. Er wollte aber trinken, und so kaufte ihm seine Frau Whiskeyflaschen ohne Ende, bis er schließlich nach kurzer Zeit betrunken und tot im Bett lag. »Aber in der Predigt sagen Sie bitte, dass er manchmal auch ganz nett war.«

Oder das Trauergespräch mit den beiden Schwestern samt ihrer Männer und jugendlichen Kinder. Die beiden hinterbliebenen Familien stritten schon vor meinem Erscheinen: Wer hat den Opa mehr gepflegt und wer hat sich nie gekümmert und wer kriegt jetzt Haus, Auto und Sparbuch? Der Streit eskalierte derart, dass der eine Mann voller Wut einen Stuhl in den neuen Flachbildfernseher der anderen Familie warf, während seine Frau – wie im Varieté – die Tischdecke mit allem Geschirr vom Tisch zog (allerdings *mit* dem darauf stehenden Geschirr aus Meißen). Während Worte aus der Bildwelt der untersten Körperbereiche herumgeschrien wurden, suchte ich nach einem eventuell notwendigen schnellen Fluchtweg.

Solche Trauergesprächserlebnisse sind zum Glück die absolute Ausnahme. Aber manchmal passieren sie doch. So wie in diesem Moment: »Oma lebt jetzt in LA!«: Mit dieser gelogenen Nachricht sollten die Enkelkinder weiterleben.

Ich nahm allen Mut zusammen und sagte, dass dies eine »nicht so gute« Idee sei. Die Beerdigung der im Dorf nicht unbekannten Dame würde nicht unentdeckt bleiben. Und wenn andere Familien darüber reden, hören es auch deren Kinder, die wiederum mit den beiden Enkeltöchtern die Schulklasse teilen. »Wie würden Sie als Eltern dastehen, wenn ihre Kinder ihre Lüge aufdecken?« Die Frau versuchte eine Lösung dieses Problems: »Wir können Oma doch anonym und ohne Traueranzeige und ohne Trauerfeier beerdigen. Dann weiß es doch keiner.« Als ich ihr daraufhin die Zahl der weiteren Mitwisser aufzählte, schwieg sie betroffen: Da sind die Krankenschwestern, die Leute vom Bestattungsinstitut, die Friedhofsgärtner, Leute vom Einwohnermeldeamt. »Und«, fragte ich, »wollen Sie auch alle ihre Freunde anlügen mitsamt den Nachbarn

Ihrer Mutter? Und Ihre Mutter hatte doch auch einen großen Freundeskreis. Allen wollen Sie weißmachen: Oma ist nach dem Herzinfarkt mal eben für immer nach Kalifornien gejettet und hat hier alles stehen und liegen gelassen?«

Das Ehepaar schwieg und dachte nach. »Aber es ist doch nur wegen der Kinder«, sagte deren Vater. »Das bricht ihnen das Herz! Wollen Sie das verantworten?«. Und ich sagte: »Ja!«

Ich sagte dieses »Ja« nicht aus Selbstüberschätzung, sondern aus der Erfahrung heraus, dass Kinder viel leichter über den Tod von Angehörigen hinweg kommen, wenn man ihnen gleich die Wahrheit sagt. Dass Menschen sterben, wissen Kinder nicht nur aus dem Fernsehen. Sie hören es von anderen Kindern in der Schule und im Kindergarten. Sie erleben, dass Menschen darüber traurig sind. Sehr traurig. Aber sie erleben dann auch den Trost der Erinnerung an das Schöne, was man erlebt hat. Sie entdecken, dass es gut tut, zum Friedhof zu gehen und für die Oma eine Blume auf das Grab zu legen. Kinder entdecken eine eigene Welt des Glaubens: Vielleicht sitzt Oma jetzt wie der Kleine Prinz auf einem Stern und winkt mir zu. Oder: Der liebe Gott passt nun auf Oma auf; sie trifft sich dort wieder mit Opa – und der freut sich schon ganz doll auf sie.

Diese Kinderbilder sind kein Kitsch. Sie sind Versuche, das Unvorstellbare vorstellbar zu machen. Der christliche Glaube bietet – gerade weil er ganz wenige Vorstellungen über das Jenseits kennt – einen offenen Raum für eigene Vorstellungen. Ich sagte dies den Eltern und bot zugleich an, dabei zu sein, wenn sie es den Töchtern sagen. Die Eltern überlegten und wollten es lieber alleine mitteilen. Aber sie wären froh, wenn ich tags darauf noch einmal zu ihnen käme, und dann wären auch die Kinder dabei. So verabredeten wir uns.

Als ich anderntags zur Familie kam, saßen alle am Esstisch. Die Eltern wirkten entspannt. Ihre Mädchen malten Bilder. Auf einem sah man eine Frau im Krankenbett liegen und darüber eine Treppe. Das Mädchen merkte, dass ich darauf schaute, und erklärte: »Das ist Oma und die Treppe führt in den Himmel. Jetzt ist sie aber schon oben und da ist es bestimmt schön. Bestimmt gibt es da auch ein Freibad, denn Schwimmen gehen mag sie gerne.« Die ältere Schwester malte derweil ein »Oma beim Baden«-Bild. Ich erzählte den Mädchen, was alles auf der Trauerfeier passiert, und sagte den Eltern, dass ich die Texte so wähle, dass die Töchter sie auch verstehen können. Auch die Predigt soll sich an die beiden richten, so dass sie wirklich mit dabei sind, wenn wir von ihrer Oma Abschied nehmen. Und so geschah es dann auch.

Mitte November rief der Vater an. »Wir haben Post bekommen von der Kirchengemeinde. Am letzten Sonntag ist Ewigkeitssonntag; früher sagten wir noch »Totensonntag«. Da sind wir eingeladen, wenn die Namen der Verstorbenen des letzten Jahres vorgelesen werden. Können da auch unsere Mädchen mit?« »Klar«, sagte ich, »das wäre sehr schön. Und wenn für die Oma eine Kerze angezündet wird, werden sie das wohl begreifen und sich freuen.« Die Mädchen waren dann wirklich mit dabei. Nach dem Gottesdienst stand die Familie noch bei Kaffee und Saft im Gemeindehaus zusammen. Die Eltern bedankten sich noch einmal für das Gespräch.

»An diesem Sonntag merkt man ja erst, wie viele Menschen in einem Jahr gestorben sind. Da sind Sie und Ihr Kollege ja oft unterwegs.« »Das stimmt«, sagte ich, »in unserer großen Gemeinde hat jeder eine Trauerfeier pro Woche.« Die Frau ergänzte: »Heute habe ich Namen von Verstorbenen gehört, von deren Tod ich noch gar nichts wusste. Auch wenn man keinen Verlust hatte, sollte man vielleicht jedes Jahr zu diesem Gottesdienst kommen.« Ich sah, dass die beiden Mädchen zwei kleine Blumensträußchen aus einer Stofftasche holten. »Gucken Sie mal, schön – oder? Die legen wir gleich bei Oma auf's Grab. Oma mag Blumen.« »Sehr schön«, sagte ich, und die Eltern nickten mir zu.

AUFERSTEHUNG DER TOTEN
oder
DA TREFFE ICH DOCH WOHL NICHT MEINEN NACHBARN?

»Nun mal ehrlich«, sprach der Konfirmand, »das glauben Sie doch wohl nicht in echt, oder? Das mit der Auferstehung der Toten. Kommen die dann alle als Skelett aus dem Grab? Wie sehen die aus: wie lauter alte Omas und Opas? Oder wie Zombies? Shaun of the Dead? Und was passiert mit denen, die in einer Urne sind? Und unser Nachbar, der dauernd mit mir meckert: Kommt der dann auch wieder?«

Der Konfirmand stellte mir diese Fragen ganz frei von der Leber weg. Er wollte weder provozieren noch frech sein. Er wollte einfach nur wissen: »Glauben Sie das? Und wenn Sie an die Auferstehung glauben, wie stellen Sie sich das vor?« Einfach nur glauben, das reicht nicht. Welche Vorstellung, welche Bilder glauben wir? Das ist die Nagelprobe!

Die Frage, ob und (vor allem) wie Tote auferstehen, ist legitim und so alt wie die Christenheit selbst. Schon Paulus hat mit den Antworten gerungen. In seinen Briefen spielt er gedanklich mehrere bildliche Vorstellungen durch. Der Verstorbene wird wie ein Samenkorn in die Erde gelegt, aus dem dann etwas entsteht, was mit dem ursprünglichen Samenkorn keine Ähnlichkeit mehr hat, aber doch von ihm abstammt. Ein anderer Antwortversuch von Paulus lautet: Alles Sichtbare, auch der sichtbare Mensch ist vergänglich. Das Unvergängliche muss also unsichtbar sein. Aber wie kann der auferstandene Mensch unsichtbar sein und gleichzeitig noch er selbst? Ist er dann überhaupt noch ein Mensch?

Fragen zu Details der Auferstehung musste auch der Kirchenlehrer Augustinus im 4. Jahrhundert beantworten. Was passiert mit Matrosen, die ins Meer gefallen und von mehreren Haien aufgefressen wurden? Wie kommt bei der Auferstehung der – nun wahrlich zerstreute – Leib wieder zu einem zusammen?

Das ist eben das Problem: Der Gedanke an die Auferstehung ist ja schön und gut; allein die bildhafte Vorstellung bringt uns zum Grübeln. Und wir können nur in Bildern denken.

Das menschliche Phänomen, in Bildern zu denken, kennen nicht nur theologische Gelehrte. Forscher der Naturwissenschaft plagen sich ebenfalls mit Bildern, die, für sich genommen, undenkbar sind. So kann ein Naturforscher z.B. nicht fragen: Was war vor dem Urknall? Denn vor dem Urknall war nichts. Erst mit dem Urknall entstanden (man höre und staune) die Zeit und der Raum und jegliche Materie: bei uns und im ganzen Weltall. Alles war einmal nicht. Und nun ist alles da in Raum und Zeit. Und unsere Bildwelt funktioniert nur mit den Koordinaten von Raum und Zeit. Komplizierter Gedanke? Stimmt!

Genauso stimmt die Geschichte, die mir eine Frau erzählte. Ihr Mann starb kurz vor dem Ruhestand vor wenigen Jahren. »Halten Sie mich bitte nicht für verrückt!«, sagte sie. »Aber manchmal spüre ich, dass mein Mann da ist. Er ist dann hier im Raum. Ich denke gar nicht an ihn und auf einmal fühle ich seine Gegenwart. **153**

Er steht dicht hinter mir, so deutlich, dass ich mich gar nicht traue, mich umzudrehen.« Die Frau spinnt nicht. Sie erzählt ihr Gefühl, und das ist für sie so echt und realistisch wie die Zeilen, die ich gerade lese. Oder wie der Film »Nachricht von Sam«.

Gibt es eine Wirklichkeit um uns herum, die wir nur nicht wahrnehmen können? Dass es so etwas gibt, wissen wir aus der Tierwelt. Fledermäuse fliegen mit Ultraschallorientierung. Ultraschall gibt es, wir Menschen können ihn nur nicht hören. Zugvögel spüren elektromagnetische Wellen, an denen sie ihre Flüge ausrichten. Es gibt diese Wellen, nur können wir sie nicht fühlen. Die Erfahrungswelt einer Zecke besteht lediglich aus Wärme und Buttersäure. Nimmt sie diese beiden Dinge gemeinsam wahr, lässt sie sich auf das Objekt fallen. Der Hund hat dann die Zecke im Fell. Wir sehen und fühlen weit mehr als eine Zecke: Aber ist das, was wir wahrnehmen, schon die ganze Wirklichkeit? Oder nur etwas mehr als Wärme und Buttersäure?

Fragen sind keine Antworten. Aber Fragen machen mich neugierig, ob es nicht noch einen weiteren Horizont des Lebens gibt. Gibt es noch eine Dimension mehr, die wir Menschen bloß nicht spüren können?

Wir Menschen machen uns Bilder, wenn der Verstand nicht weiterkommt. Wir brauchen Bilder und dürfen sie gebrauchen, solange wir das Phantasiebild nicht mit der Wirklichkeit (die wir nicht kennen) verwechseln. Man stelle sich nur vor, ein frischer verliebter Mensch sagt: »Ich habe Schmetterlinge im Bauch«, und sein Gesprächspartner nimmt das für bare Münze und ruft den Krankenwagen.

Das Bild, das mich hinsichtlich der Auferstehung am meisten überzeugt, hat Paulus gemalt. Paulus sagt, wenn wir sterben, werden wir »mit Gott sein«. Zugegeben: kein beeindruckendes Bild á la Breugel, Escher oder Dali. Es ist weder konkret noch abstrakt. Eigentlich ist Paulus' Bild eher ein Rahmen. Wie das Bild aussieht, das im »mit Gott sein« hängen wird, erlebe ich hoffentlich einmal sehr deutlich. Bis dahin begnüge ich mich mit diesem Rahmen.

DIE ZUKUNFT DES CHRISTENTUMS
oder
DIE ANFÄNGE DES VERSTEHENS

Der Brief wurde im Mai 1944 geschrieben. 38 Jahre später ist er bei mir im Mai 1982 angekommen. Ich las ihn, als ich im zweiten Semester Student der Evangelischen Theologie in Hamburg war. Bestimmte Sätze aus diesem Brief habe ich bis heute, im Frühjahr 2017, immer noch nicht vergessen. Sie gehen mir nach. Ich finde ihre Wahrheit jeden Tag bei meiner Arbeit in und für die Kirche wieder.

Der Brief wurde von Dietrich Bonhoeffer geschrieben. Adressat ist sein Patensohn Dietrich Wilhelm Rüdiger Bethge gewesen, zu dessen Taufe Bonhoeffer nicht kommen konnte, weil er im Tegeler Gefängnis einsaß. Besonders ein Abschnitt des Briefes ist für mich von besonderer Wichtigkeit:

»Auch wir selbst sind wieder ganz auf die Anfänge des Verstehens zurückgeworfen. Was Versöhnung und Erlösung, was Wiedergeburt und Heiliger Geist, was Feindesliebe, Kreuz und Auferstehung, was Leben in Christus und Nachfolge Christi heißt, das alles ist so schwer und so fern, dass wir es kaum mehr wagen, davon zu sprechen. In den überlieferten Worten und Handlungen ahnen wir etwas ganz Neues und Umwälzendes, ohne es noch zu fassen und aussprechen zu können.

Das ist unsere eigene Schuld. Unsere Kirche, die in diesen Jahren nur um ihre Selbsterhaltung gekämpft hat, als wäre sie ein Selbstzweck, ist unfähig, Träger des versöhnenden und erlösenden Wortes für die Menschen und

für die Welt zu sein. Darum müssen die früheren Worte
kraftlos werden und verstummen, und unser Christsein
wird heute nur in zweierlei bestehen: im Beten und im
Tun des Gerechten.«

(Zitat aus: Dietrich Bonhoeffer, Widerstand und Ergebung,
hg. v. E. Bethge, München 1977, 2. Aufl., S.327f)

»Wir sind auf die Anfänge des Verstehens zurückgeworfen.« Das ist unbestreitbar wahr. Obwohl immer noch
die meisten Menschen in Deutschland getauft und
damit Christ sind, ist ein christliches Bewusstsein nur
noch bei wenigen anzutreffen. Obwohl irgendwann jedermann (meist als Konfirmand) das Glaubensbekenntnis auswendig lernen musste, so ist es schon nach wenigen Wochen vergessen (bis auf einige Formulierungen;
z.B. »gelitten unter Pontius Pilatus«; ausgerechnet!). Bei
Taufgottesdiensten davon auszugehen, dass Eltern und
Paten das Bekenntnis noch mitsprechen können, ist absolut weltfremd. Bei meinen Taufen verteile ich deshalb
den Text mit dem Ablaufplan. Die großen Worte des
Glaubens (Bonhoeffer erinnert u.a. an »Heiliger Geist«
oder »Auferstehung«) sind nicht nur »so schwer und
so fern« – sie sind fast vergessen. Die alten Worte, ja,
die hat jeder schon mal gehört, aber ihr einstiger und
jetziger Sinn ist dahin. Die sind wie mein Onkel und
meine Tante, die nach Australien ausgewandert sind.
Ich erinnere mich noch gerade so an sie; auch dass ich
mit ihnen noch verwandt bin, aber ich habe nichts mehr
mit ihnen zu schaffen. Sie sind einfach weg. Aus den
Augen, aus der Sprache, aus dem Sinn.

Trotzdem bin ich – seit der Lektüre von Bonhoeffer –
davon überzeugt, dass der Inhalt der alten christliche

Worte noch lebendig und erfahrbar ist. Von den Begegnungen mit Nicht-Theologen habe ich im Buch einige Beispiele dargestellt. Überall fand ich Lebenssituationen, die sich mit christlichen Gedanken treffen. Nur in anderen Worten, in neuen Vorstellungen, die sich nicht in hergebrachten dogmatischen Wendungen wiederfinden. Ich frage mich, seitdem ich Pastor bin: Will ich die alten Worte retten oder den Glauben bei den Menschen in ihrer Sprache wiederfinden? Ich habe mich für Letzteres entschieden. Bonhoeffers Brief ist ein Auslöser dafür gewesen.

Zum Ende des Briefabschnitts legt Bonhoeffer noch eine Schippe drauf. Worauf kommt es letzten Endes an? Was ist das Wichtigste, was das Christsein heute ausmacht? Auch wenn Bonhoeffers Gegenwart nicht unsere Gegenwart ist, bleibt sein Fazit aktuell. »Im Beten und im Tun des Gerechten« besteht das Christentum. Darin zeigt es seine Glaub-Würdigkeit. Was Forscher über die Religionen (Plural) der Menschen von der Steinzeit bis heute herausbekommen haben, bestätigt Bonhoeffer auf seine Weise. Alle Religionen beinhalten als zentrale Elemente »Mystik« und »Ethik«.

Was bedeuten diese Grundelemente?

Mystik: Bonhoeffer weist auf das Beten hin; die Hinwendung von Menschen zu einer Größe, zu Gott, der weiter ist als unser menschlicher Horizont. Der große ideelle »Baumeister aller Welten«, den unsere Vernunft nur erahnen kann. Mystik bedeutet, in dem Bewusstsein zu leben, dass es noch mehr gibt als bloßen Materialismus; dass es mehr gibt zwischen Himmel und

Erde; dass unser Gefühl für Transzendenz nicht Einbildung ist, sondern Reaktion auf einen von außen (von Gott) kommenden Impuls. Der berühmte »Pawlow'sche Hund« freut sich nur deshalb auf das Fressen, weil und wenn er die Glocke hört, die das Essen ankündigt. Ohne Glocke, die ihren Ton aussendet, keine Vorfreude. So ist der Mensch zu religiösen Gefühlen nur fähig, weil er auch (bildlich gesprochen) eine Glocke hört. Einen Impuls von außen: unsichtbar, nur im Herzen, d.h. in der Emotion spürbar. Ohne Gott, der etwas aussendet, keine Religion. Religion ist Reaktion. Für die christliche Religion hat Gott Jesus ausgesendet. Er hat vorgelebt, nicht nur gepredigt, wie Gottes Reich auf der Erde aussehen kann. In Liebe und Gerechtigkeit, in Vergebung und Tröstung und Heilung.

Das zweite Element, das in jeder Religion zu finden ist, heißt »Ethik«. Ethik ist der innere Werteplan, nach dem wir unser Leben gestalten. Der neugeborene Mensch hat noch keinen Werteplan. Er hat nur seine Instinkte, die sein Überleben sichern sollen: Schreien, wenn man Hunger, Durst oder die Hosen voll hat. Je größer man wird, umso komplexer wird die Umgebung. Durch die Erziehung bekommen die Kinder erst den Werteplan der Eltern mit; später folgen Kindergarten und Schule. Doch die Eltern sind die wichtigsten Vermittler: mehr durch die Tat als durch das Wort. Dass man dem anderen Kind nicht einfach Spielzeug klaut; dass man nicht mit Essen spielt; dass man nicht mutwillig Dinge kaputt macht: Das muss gelernt werden. Unsere Instinkte reichen da nicht aus. Der Wertmaßstab wird dabei nicht von den Eltern neu erfunden; auch sie haben ihn übernommen. Zugrunde liegen zumeist religiöse **159**

Ursprünge, auch wenn diese keiner mehr kennt. Die 10 Gebote haben eine Erfolgsstory hinter sich; das jüdisch-christliche Menschenbild findet sich sogar gleich zu Beginn im deutschen Grundgesetz, wo es heißt: Die Würde des Menschen ist unantastbar.

Mystik und Ethik. Bonhoeffer sagt: Beten und das Tun des Gerechten. Jesus hat uns das Vaterunser als Gebet und die Bergpredigt als Handlungsanweisung mitgegeben. *Liebe Gott und Deinen Nächsten wie Dich selbst.* Besser kann man das, was das Christentum an- und umtreibt, nicht beschreiben. Ob wir es im Bewusstsein alter Formulierungen tun oder es – ohne dieses Wissen – einfach nur als Christen leben, das ist ziemlich egal. Wichtig ist nur, wie wir leben. Sinnerfüllt – für uns und andere vor Gott.

GLAUBENSBEKENNTNIS
oder
NUN ABER!

....

Nach all' den vorhergegangenen Expeditionen durch das Leben und den Dschungel alter christlicher Worte sollte ich vielleicht schreiben, was ich denn persönlich bekenne. Die Frage wird mir manchmal tatsächlich gestellt: »Glauben Sie das wirklich?« Besonders nachgefragt ist meine theologische Stellungnahme zu Gott als Schöpfer, zum Allmächtigen, zur Jungfrau (!) Maria, zur Auferstehung und zum so genannten »Jüngsten Gericht«.

»Also, was glauben Sie! Nun aber! Butter bei die Fische, Herr Pastor!«

Einverstanden. Ich schreibe das Glaubensbekenntnis, wie es in jedem Gottesdienst gesprochen wird, und kommentiere es satzweise mit meinen, durch mein Leben gewonnenen Glaubensüberzeugungen. Gewagt? Gewagt! Aber gerade wegen der gebotenen Kürze der Interpretation: eine Herausforderung.

Ich glaube an Gott,

Das tue ich wirklich. Ich bin davon zutiefst überzeugt, dass das Leben mehr ist, als wir naturwissenschaftlich erklären können. Der blanke Materialismus lässt mich kalt, weil meine Gefühle, ja meine bewusste Existenz, entweder nicht vorkommen oder irrelevant sind. Aber ich weiß, dass ich bin (Rene Descartes lässt grüßen), dass ich fühle und empfinde. Mein Grundgefühl ist, dass mein Leben einen Sinn hat. Als sollte es so sein, dass es mich gibt. Wenn ich in den nächtlichen Sternenhimmel blicke, weiß ich zwar, dass ich ein unscheinbares Nichts im Weltall bin, doch gleichzeitig bin ich wirklich da. Ich empfinde mein Leben als Geschenk. So unbegreiflich wie das Wissen, dass alle Atome, die meinen Körper bilden, von fremden, explodierten Sternen stammen. We are stardust. Im Betrachten des Universums wie unserer »kleinen« Welt fühle ich eine Anwesenheit, die größer ist als ich oder wir alle. Ich habe eine Empfindung für Gott. Oder: ein göttliches Wesen. Oder: eine göttliche Kraft, die mir als Person persönlich erscheint.

den Vater,

»Ach du lieber mein Vater«, sagte Oma immer dann, wenn sie sich aufregte. Auch heute regen sich manche Menschen, nicht nur Frauen, darüber auf, dass mit der Bezeichnung Gottes als Vater die patriachalische Sicht untermauert wird. Den Konfirmanden erkläre ich es so, wie ich es mir auch selbst erkläre. Gott wird in der Bibel durch viele Bilder bezeichnet: nicht nur als Vater, sondern u.a. auch als Mutter, als Burg, als Licht, als Sonne, als Wohnung. Es geht also um Bildsprache. Ein Bild bezeichnet einen Gegenstand, aber das Bild ist nicht der Gegenstand. Wer an Bilder glaubt, glaubt am Eigentlichen vorbei. Wenn Gott als »Burg« bezeichnet wird, so soll emotional ausgemalt werden, dass Gott schützen kann. Welche Emotionen beim Wort »Vater« mitschwingen, das ist bei jedem Menschen verschieden. Wer als Kind vom Vater verprügelt wurde, wird keine gute Assoziation damit verbinden. Für mich steht »Vater« emotional für Verlässlichkeit, auch für Zurückhaltung, die ich auch in Gott wiederfinde.

den Allmächtigen,

»Bruce Allmächtig« – ein schöner Hollywoodfilm mit Jim Carrey. Was für eine tolle Vorstellung: Alles können, alles erreichen, alles verändern – über jedes Naturgesetz hinweg! Nichts ist unmöglich.

Es ist das Versäumnis vieler Theologengenerationen, den ursprünglichen Sinn nicht weitergegeben zu haben. In dem üblichen Sinn »allmächtig sein heißt alles können« kommt das Wort als Bezeichnung Gottes in der Bibel nicht vor. Gott wird dort zwar als mächtig beschrieben, aber eben nicht als der Alleskönner. Das hebräische Wort, das Luther in der deutschen Bibelübersetzung mit »Allmächtiger« wiedergegeben hat, hat – vor allem im Hiob-Buch – eine andere Bedeutung: Der »allmächtige« Gott ist der, der den Menschen unbedingt nahe ist und vom Menschen angeredet werden kann. Für mich ist der allmächtige Gott der Gott, der bei mir und jedem ist.

den Schöpfer des Himmels und der Erden.

Wie war das mit Darwin und der Evolution? Und die Dinosaurier kommen in der Schöpfungsgeschichte der Bibel auch nicht vor. Also vom Schöpfer zu reden, ist Quatsch. Viele denken so. Ich nicht. Zwar halte ich die biblischen Schöpfungsberichte (der historisch ältere mit Adam und Eva, der jüngere mit der Sieben-Tage-Schöpfung) für zeitbedingte Vorstellungen. Doch wer die Bibel wörtlich nehmen möchte, der geht am Kern vorbei. Der Kern aber ist: Die Welt, ja das ganze Universum, ist ein Gottesgeschenk, welches uns – zumindest was die Erde angeht – anvertraut ist zur guten Pflege! Der Mensch soll die Erde »beherrschen und untertan machen«; doch was Luther im Sinne seiner Zeit derart übersetzte, heißt nach dem hebräischen Text: Er soll die Erde »hegen und pflegen«. Was für ein Unterschied. Welche Kraft auch immer hinter dem Urknall und der Evolution steckt: Für mich ist es ein göttlicher Geist. Die Größe und die Liebe Gottes des Schöpfers finde ich im Sternenhimmel ebenso wieder wie z.B. im Wechsel der Gezeiten an der Nordsee. Von den Schmetterlingen in meinem Fliederbusch ganz zu schweigen.

Und an Jesus Christus,

An Jesus muss ich gar nicht glauben. Den hat es historisch wirklich gegeben. Wir wissen so Einiges von ihm, was selbst atheistische Historiker ohne Skrupel anerkennen. Dass er aus Nazareth kam, Jünger hatte, sogar seine Heilungen sind historisch verbürgt (wenn auch nicht in allen schönen Details; allerdings: auch andere Lehrer heilten damals!). Wir wissen, dass er besonders predigte und die Rede in Gleichnissen »erfand«; geschichtlich belegt ist auch seine Verhaftung und Hinrichtung unter Pontius Pilatus und sein leeres Grab.

Dass Jesus aber auch der »Christus« ist (das griechische Wort für das hebräische »Messias«), das ist eine Glaubenssache. Ich glaube, dass Jesus Gottes Wort und Willen authentisch auf die Erde gebracht und gelebt hat; für mich ist er der »Gesalbte« (das bedeutet: Messias): der von Gottes Geist Gesalbte bzw. besonders Begabte.

seinen eingeborenen Sohn,

Luther haben wir die Übersetzung »eingeborener Sohn« zu verdanken. Heute würden wir das griechische Wort als »der einzige geborene Sohn« Gottes übersetzen. Damit soll gesagt werden: Nur zu diesem geborenen Jesus hat Gott eine einzigartige, enge Beziehung. Beziehungen hat Gott zu jedem Menschen, aber eben zu Jesus eine ganz besondere. Von diesem engen Verhältnis zwischen Jesus und Gott bin ich tatsächlich überzeugt.

unsern Herrn,

»Herr« ist die deutsche Übersetzung des griechischen Wortes »kyrios«. Das kann man lapidar als »Herr« übersetzen, so wie wir »Herr Meier« oder »Herr Müller« sagen. Zur Zeit des Neuen Testamentes war der Begriff aber als göttliche Anrede reserviert. Der »kyrios« Jesus ist also der »Herrgott« Jesus. Da nun Jesus – für mein Dafürhalten – an Gottes Statt und mit Gottes Kraft ausgerüstet – gehandelt hat, kann ich diese göttliche Anrede teilen.

empfangen von dem Heiligen Geist,
geboren von der Jungfrau Maria,

Nun wird es spannend. Empfängnis durch den Heiligen Geist und die Jungfrauengeburt gehören (biologisch logisch) zusammen. Wenn Maria körperliche Jungfrau war, konnte sie nur schwanger werden, indem ein Wunder geschah. Das Wunder der Empfängnis durch den Heiligen Geist. Völlig eindeutig ist der Sinn dieser Vorstellung: Jesus war etwas Besonderes. Und das soll nicht nur durch sein (historisch verbürgtes) Leben und Reden gezeigt werden, sondern bereits durch seine wundersame Geburtsgeschichte (von der im übrigen weder die Evangelisten Markus noch Johannes etwas wissen!). Für Matthäus und Lukas war das aber so wichtig, dass sie diese Geschichten in ihre Evangelien eingetragen haben.

Der Hintergrund der »Jungfrau« ist mittlerweile allerdings schon in weiten Kreisen bekannt. Matthäus greift zurück auf eine Weissagung des Propheten Jesaja, die im Hebräischen von einer »jungen Frau« redet, in der griechischen Übersetzung des Alten Testamentes aber zur biologischen »Jungfrau« falsch übersetzt worden ist. Was für ein verhängnisvoller Übersetzungsfehler. Für mich, ebenso wie für Paulus, hängt die Besonderheit Jesu nicht mit einer sonderlichen Zeugung zusammen. Jesu Geburt ist ein Wunder wie die Geburt jedes anderen Kindes. Wenn Eltern in die Geburtsanzeige schreiben »Uns ist ein Kind geschenkt worden«, dann wissen sie auch, dass trotz der natürlichen Zeugung auch ihr Kind etwas Wunderbares ist: ein Gottesgeschenk, genauso wie es Jesus für Maria und Joseph war.

gelitten unter Pontius Pilatus,
gekreuzigt, gestorben und begraben,

Erneut finden wir hier Sätze vor, über die man nicht in Glaubensstreitigkeiten geraten muss. Hier wird pure Historie beschrieben. So ist es gewesen. Ohne jede Romantik, ähnlich nüchtern wie in allen vier Evangelien, wird Jesu Leidensweg beschrieben. Schuldzuweisungen gegenüber den Juden oder den Römern finden sich nicht.

hinabgestiegen in das Reich des Todes,

Hier allerdings verhält es sich anders: Wir haben einen reinen Glaubenssatz vor uns. Der Abstieg Jesu in die

Unterwelt erinnert von ferne an den griechischen Mythos von Orpheus und Eurydike. So wie Orpheus seine Geliebte aus dem Totenreich zurückholen wollte, steigt Jesus nach der Kreuzigung zu den vor ihm Verstorbenen (seit Adam und Eva) hinab, um sie in das Reich Gottes zu bringen. Die vor Jesus Verstorbenen sollen quasi keinen historischen Nachteil erleiden: Nur weil sie vorher gelebt und Jesus deshalb nicht persönlich erlebt haben, dürfen auch sie an der Erlösung durch Jesus teilhaben. Ein etwas kindlicher Gerechtigkeitsgedanke steht hier im Hintergrund, der den ersten Christen aber durchaus wichtig war. Das erkenne ich an. Allerdings glaube ich, dass sowohl die Menschen, die vor Jesus lebten, ebenso von Gott geliebt und erkannt sind wie diejenigen, die überhaupt nichts von Jesus jemals gehört haben. Bis heute. Die Erinnerung an Jesu Reise durch die Welt der Toten ist für mich ein Bild für die allumspannende Liebe Gottes.

am dritten Tag auferstanden von den Toten,

Der zentrale Satz. Die unbeweisbare Behauptung. Ich rede nicht lange drum herum: Daran glaube ich, auch wenn ich nicht weiß, was und wie es damals passiert ist. Historisch klar ist lediglich die Tatsache, dass Jesu Grab leer gewesen sein muss. Ansonsten hätte sich ganz Jerusalem (nach einem kurzen Friedhofsbesuch) über die Jünger schlapp gelacht, die solches behaupteten, ohne ein leeres Grab vorweisen zu können. Dass sie den Leichnam Jesu einfach geklaut hätten, wurde schnell zu einem Gerücht, von dem bereits im Matthäusevangelium berichtet wird. Mein Glaube bleibt dabei: Gott hat den toten Jesus – zum Zeichen für alle – zu sich genommen. Dazu stehe ich, auch wenn es sich wie ein naiver Kinderglaube ausnimmt. Gegen diesen Vorwurf habe ich nichts.

er sitzt zur Rechten Gottes,
des allmächtigen Vaters,

Erneut haben wir es mit alten Vorstellungen und Bildern zu tun, die zur Zeit Jesu, aber auch schon lange vorher, in Israel (und Ägypten) im Umlauf waren. Der Platz zur Rechten – sei es rechts vom Gastgeber oder gar von einem König/Pharao – galt als der besondere Ehrenplatz. Normalerweise blieb der rechte Platz vom Chef frei, es sei denn, dieser lud ausdrücklich eine besonders zu ehrende Person ein, sich dort hinzusetzen. Ägyptenreisende, die in Abu Simbel gewesen sind, können es dort beschauen. Der Pharao Ramses II sitzt im allerheiligsten Tempelraum zur Rechten des Hauptgottes Re-Harachte. Hinter dem Bild Jesu zur Rechten Gottes steckt erneut ein emotionales Bedürfnis. Man möchte Jesus gerne irgendwo »zuhause« wissen; natürlich bei Gott und dort – wenn schon, denn schon – auf dem Ehrenplatz. Für meine Glaubensbildwelt reicht es aus, zu wissen, dass Jesus bei Gott aufgehoben ist, so wie wir das alle sind und am Ende sein werden.

von dort wird er kommen zu richten die Lebenden
und die Toten.

Das Endgericht! Die Bilder von Breughel und Bosch stehen uns deutlich vor Augen. Höllenknechte quälen die Sünder mit Messern und Feuer. Grausame Szenen sind in der Kunst über das so genannte »Jüngste Gericht« aufgezeichnet. Die pädagogische Funktion solcher Gemälde ist im Mittelalter leicht zu erkennen. Etwaige Sünder sollen zur Buße (bei der Kirche) aufgefordert werden, um solchen Qualen zu entgehen. Das ganze Ablasswesen funktionierte nur, wenn die Gläubigen gehörig Angst vor dem nahen Jenseits und seinen möglichen Peinigungen hatten. Ein perfides Spiel des Unglaubens! Eine kirchlich sanktionierte Ausnutzung von Ängsten! Martin Luther hat zwar mit dem Gruselkabinett, das den Ablass ermöglichte, aufgeräumt, aber den Glauben an ein letztes Gericht vor Gott hat er beibehalten. Jesus selbst erzählt in dem lesenswerten Gleichnis, welches Matthäus im Kapitel 25 wiedergibt, von einem solchen End-Prozess. Das Kriterium für das Urteil ist verblüffend. Jesus sagt: Was ihr einem meiner geringsten Brüder (und Schwestern) getan habt, das habt ihr mir getan. Und was ihr ihnen nicht getan habt, das habt ihr auch mir nicht getan. Jesus bindet hier auf unübertreffliche Weise die Liebe zu Gott und die Liebe zum Nächsten aneinander. Wer Gott liebt, liebt auch den Mitmenschen; und wer den Mitmenschen nicht liebt, der liebt auch Gott nicht.

Das Urteil des Gerichtes passiert oftmals schon im Diesseits. Egoisten leiden an Einsamkeit – je älter, je mehr. Ein Leben, das nur auf Konsum und Haben ausgerichtet ist, richtet sich schon hier von selbst. Das merkt man, wenn einen die große Sinnlosigkeit trifft. Oder eine Krankheit, die man nicht »wegbezahlen« kann. Oder das Alleinsein, das man sich im Leben zuvor schon selbst bereitet hat.

Und das große Endgericht? Ich glaube nicht, dass Gott wie ein KZ-Wärter an der Rampe von Auschwitz die Gerechten und die Ungerechten aufteilt. Ich glaube, dass Gott selbst bei den fiesesten Typen noch seinen Weg findet. Das glaube ich, aber ich weiß es nicht. Keiner kann in Gottes Karten gucken; ich auch nicht. Doch meine Überzeugung an die Kraft seiner Liebe lässt mich für alle hoffen.

Ich glaube an den Heiligen Geist,

Über den Heiligen Geist habe ich in diesem Buch schon etwas geschrieben. Der christliche »Team-Spirit« ist für mich eine fühlbare Erfahrung, keine bloße Einbildung. Er kommt über Menschen, bewegt sie, ermutigt und tröstet sie. An die Macht dieses Geistes glaube ich von ganzem Herzen.

die heilige christliche Kirche,

Ja, ich *glaube* auch an die Kirche. Früher tat ich es nicht. Wenn jemand zu mir sagte: »Herr Pastor, ich glaube nicht an die Kirche«, dann sagte ich stets mit stolzer Frechheit: »Ich auch nicht. Ich glaube an Gott!« Diese Meinung in Bezug auf die Kirche hat sich geändert. Trotz aller Schrecken und Katastrophen, die die Geschichte der Kirche aufzeigt, hat Gott doch wohl etwas mit diesem Laden vor. Auch wenn kirchenleitende Persönlichkeiten sich manchmal völlig unchristlich verhalten, so erkenne ich doch, dass für viele Menschen die »Kirche« keine bloße Firma ist, sondern eine Anlaufstelle für Hilfe und auch für Gemeinschaft mit und vor Gott. Kirche ist besonders sichtbar als Diakonie! Kirche ist da für die Menschen, die sonst keinen Halt mehr finden. Kirche kann helfen, wo staatliche Stellen schon lange nicht mehr hilfsbereit sind. Ich meine sogar, dass die Kirche der Zukunft immer mehr eine diakonische, tatkräftig helfende Kirche sein wird. »Beten und Tun des Gerechten« passiert hier für diejenigen, die immer mehr durch die Maschen eines angeblichen Sozialstaates fallen. Eine obdachlose Frau sagte zu mir: »Wenn ich nicht weiter weiß, dann geh ich zur Pastorin. Die hilft immer. Und ihr Kaffee ist prima, da kannst Du einen drauf lassen!«

Gemeinschaft der Heiligen,

Günther Jauch könnte bei »Wer wird Millionär« folgende Millionenfrage formulieren: Welche Gruppe ist gemeint beim Ausdruck »Gemeinschaft der Heiligen«?

A)   die verstorbenen Christen
B)   besonders fromme Menschen, die Wunder vollbrachten und von der katholischen Kirche »heiliggesprochen« wurden
C)   alle lebenden und verstorbenen Christen
D)   fünf besondere Tage im Mai.

Die richtige Antwort lautet: C) Die Heiligen, das sind tatsächlich alle Christen, lebendig wie wir oder bereits verstorben. Heilig sind wir nicht dadurch, dass wir ohne Fehl und Tadel leben, sondern weil Gott uns liebt. Diese Liebe heiligt. Sie heilt sogar, wie die Heilungsgeschichten Jesu zeigen. Mit dem Tod bricht die Liebe Gottes nicht ab, und so sind auch die Verstorbenen weiterhin in einer Gemeinschaft mit uns Lebenden vor Gott. Ein schöner Gedanke, über den sich leider nur wenige Menschen Gedanken machen.

Vergebung der Sünden,

Wie singt es sich so schön im Karneval: »Wir sind alle kleine Sünderlein« ... Kaum einer weiß noch, dass die Melodie einmal zu einem schlesischen Volkslied gehörte mit dem bezeichnenden Titel: »Wenn wir Sonntags in die Kirche geh'n«. Doch nachdem Willy Millowitsch den Schlager gesungen hat, gibt es kein Zurück mehr. Die Einsicht, dass wir unser Leben nicht sündlos verbringen können, ist aber nur der erste Schritt, um sich besser zu fühlen. Wer um eine begangene Schuld weiß, der kennt die Erfahrung, wie gut es tut, sie – wenn man mag – Gott zu sagen (»beichten« sagte man früher dazu; das geht – so Jesus in der Bergpredigt – aber auch allein im stillen Kämmerlein). Sich mit einem anderen Menschen auszusprechen über einen Fehler, das tut ebenfalls gut. Am besten ist es, wenn ich mich entschuldigen kann und der andere mir vergibt. Vergebung bedeutet: wieder aufatmen können. Frei sein von Schuld. Mancher berichtet, wie dann eine Last von einem abfällt, die man sonst mit sich noch weiter und noch länger herumgetragen hätte. Was zwischen Menschen gilt, das gilt auch zwischen Mensch und Gott. Deshalb glaube ich an die Vergebung der Sünden. Wenn jemand sich vor Gott aussprechen kann (oder vor einem Pastor, einer Pastorin, ja selbst – so Luther – vor einem »ganz normalen« Christen), dann darf man sich der Vergebung Gottes gewiss sein. Wichtig ist nur, dass die Bitte um Vergebung wirklich von Herzen kommt. Und das kann nur derjenige wissen, den es betrifft.

Auferstehung der Toten
und das ewige Leben.

Auch diese Aussage beschreibt meinen Glauben. Im vorliegenden Buch habe ich diesem Satz ein Kapitel gewidmet. Ein Kapitel ist viel zu wenig angesichts des ungeheuren Ausmaßes, den dieser Satz bedeutet. Diesen Satz zu bekennen, das heißt: den Sprung des Glaubens wagen – über den Tod hinweg. Über Beerdigung, Friedhof oder Friedwald hinaus gibt es ein Aufgehoben-Sein bei Gott. Bilder dafür haben wir nicht. Es bleibt nur der Glaube. Ich habe keine Erinnerung daran, was und wo ich war, bevor ich geboren worden bin. Auf einmal war ich da; mein Geist und mein Bewusstsein sind »angesprungen«, ohne dass ich meine Existenz als Ich erklären kann. Ich glaube, dass es sich so ähnlich auch am Ende verhält. Wie es passiert, das weiß ich nicht im Voraus. Aber dass etwas passiert, daran glaube ich als Christ.

Amen.

Wieder ein schönes hebräisches Wort. Es bedeutet: Darauf verlasse ich mich. Daran mache ich mich fest. Das ist mein Anker, das ist mein Poller im Hafen des Lebens.

Für alle Lebensliebhaber bietet das Gütersloher Verlagshaus Durchblick, Sinn und Zuversicht. Wir verbinden die Freude am Leben mit der Vision einer neuen Welt.

UNSERE VISION EINER NEUEN WELT

Die Welt, in der wir leben, verstehen.

Wir sehen Menschlichkeit als Basis des Miteinanders: Mitgefühl, Fürsorge und Beteiligung lassen niemanden verloren gehen. Wir stehen für gelingende Gemeinschaft statt individueller Glücksmaximierung auf Kosten anderer.

....

Wir leben in einer neugierigen Welt: Sie sucht ehrgeizig und mitfühlend Lösungen für die Fragen unseres Lebens und unserer Zukunft. Wir fragen nach neuem Wissen und drücken uns nicht vor unbequemen Wahrheiten – auch wenn sie uns etwas kosten.

....

Wir leben in einer Gesellschaft der offenen Arme: Toleranz und Vielfalt bereichern unser Leben. Wir wissen, wer wir sind und wofür wir stehen. Deshalb haben wir keine Angst vor unterschiedlichen Weltanschauungen.

Das Warum und Wofür unseres Lebens finden.

Erfahren, was uns im Leben trägt und erfreut.

Wir helfen einander, uns selber besser zu verstehen:
Viele Menschen werden sich erst dann in ihrem Leben zuhause fühlen, wenn sie den eigenen Wesenskern entdecken – und Sinn in ihrem Leben finden.

....

Wir ermutigen Menschen, zu ihrer Lebensgeschichte zu stehen:
In den Stürmen des Alltags geben wir Halt und Orientierung. So können sich Menschen mit ihren Grenzen aussöhnen und zuversichtlich ihr Leben gestalten.

....

Wir haben den Mut, Vertrautes hinter uns zu lassen:
Neugierde ist die Triebfeder eines gelingenden Lebens. Wir wagen Neues, um reich an Erfahrung zu werden.

Wir glauben an die Vision des Christentums:
Die Seligpreisungen der Bergpredigt lassen uns nach einer neuen Welt streben, in der Vereinsamte Zuwendung, Vertriebene Zuflucht, Trauernde Trost finden – und Gerechtigkeit, Barmherzigkeit und Frieden herrschen.

....

Wir geben Menschen die Möglichkeit, den Glauben (neu) zu entdecken:
Persönliche Spiritualität gibt Kraft, spendet Trost und fördert die Achtung vor der Schöpfung sowie die Freude am Leben.

....

Wir stehen mit Respekt vor der Glaubenserfahrung anderer:
Wissen fördert Dialog und Verständnis, schützt vor Fundamentalismus und Hass. Wir wollen die Schätze anderer Religionen kennenlernen, verstehen und respektieren.

GÜTERSDIE
LOHERVISION
VERLAGSEINER
HAUSNEUENWELT

Bibliografische Information der Deutschen Nationalbibliothek

Die Deutsche Nationalbibliothek verzeichnet diese Publikation
in der Deutschen Nationalbibliografie; detaillierte bibliografische
Daten sind im Internet über https://portal.dnb.de abrufbar.

Verlagsgruppe Random House FSC® N001967

1. Auflage
Copyright © 2017 Gütersloher Verlagshaus, Gütersloh,
in der Verlagsgruppe Random House GmbH,
Neumarkter Str. 28, 81673 München

Der Verlag weist ausdrücklich darauf hin, dass im Text
enthaltene externe Links vom Verlag nur bis zum Zeitpunkt
der Buchveröffentlichung eingesehen werden konnten.
Auf spätere Veränderungen hat der Verlag keinerlei Einfluss.
Eine Haftung des Verlags ist daher ausgeschlossen.

Umschlagmotive: © Calado – Fotolia.com
Druck und Bindung: Friedrich Pustet GmbH & Co. KG, Regensburg
Printed in Germany
ISBN 978-3-579-08688-0

www.gtvh.de